낯선 도시의
커피향

김창수의 세계 기행 포토 에세이

낯선 도시의 저녁향

조율

글·사진 김창수

대구대학교 사범대학 과학교육학부 교수
미국 미주리대학교 화학과 객원교수 역임

월간 〈한국수필〉 수필 부문 등단
월간 〈문학세계〉 시 부문 등단

한국사진작가협회 촬영지도위원
한국문인협회 회원
한국수필가협회회원

허균문학상(수필), 허난설헌문학상(시), 〈문학세계〉문학상 본상,
대한화학회 학술진보상 외 다수 수상

시집_『길손의 노래』,『들풀의 노래』,『그리움에 꽃을 피우고』
수필집_『잠초인생』,『잠초인생 2』,『얼간이 생각』,『삶과 변화의 고리』
저서_『교육매체로서의 사진』,『디지털시대 사진 읽기』,『흔적』,『주산지』외 다수

사진 전시회_〈산〉, 〈호반의 정취〉외 그룹전

김창수의 세계 기행 포토 에세이
낯선 도시의 저 메아리

제1판 제1쇄 발행   2011년 6월 20일

지은이   김창수
펴낸이   허재식
펴낸곳   도서출판 조율

주소   [413-756] 경기도 파주시 교하읍 문발리 파주출판도시 513-15번지 2층
전화   031-955-7695
전송   031-955-7696
전자우편   joyul@joyulbook.com
홈페이지   www.joyulbook.com
신고   제406-2009-000053호(2009년 7월 27일)

©김창수, 2011
ISBN   978-89-962967-6-8 (03810)

값은 뒤표지에 있습니다.
저자와 협의하여 인지는 생략합니다.

Prologue

 여행은 생활의 짐을 잠시 벗어놓고 낯선 곳에서 설렘으로 하루하루를 지내게 한다. 그리고 몸과 마음을 느리게, 마음 가는 대로 움직여 가며 자신이 누구인지 이것저것에 맞추어 가면서 자아를 찾아가는 과정이도 하다.
 비행기 티켓을 끊고 렌터카를 예약하고 짐을 꾸리는 과정에서 찾아오는 들뜬 마음, 생각만 해도 가슴이 벅차오른다.
 여행을 하는 동안 느껴지는 설렘이 전율이 되어 다가올 때 막힌 경혈이 뚫리듯 마음이 확 트인다. 이런 설렘의 순간을 사진으로 담고 글로 묘사해 보는 것도 색다른 기쁨이다.
 여행을 갔다 오면 남는 것은 사진뿐이라는 말이 있듯 사진을 보며 참 아름답다, 환상적이다, 상쾌하다, 하던 느낌의 기억을 더듬어 보는 것도 의미가 있을 것이다.
 여행에서 메모한 기록과 사진을 보면서 여행후기를 쓴다는 것은 쉽지 않지만 그렇게만 한다면 여행을 두고두고 즐길 수 있을 게 분명하다.
 "넓게 펼쳐져 있는 반짝이는 모래밭,
　출렁일 때마다 별빛이 일렁이는 망망대해,
　아늑한 산기슭에 알록달록 펼쳐있는 따사한 집들,

C자 형으로 기다랗게 늘어선 푸른 해안,
이런 곳에 잠시나마 마음을 내려놓았던 순간들
떠올려 보는 것만으로도 행복하다."
등의 메모를 보면서 무어라 쓸까 당황도 해본다.

처음 본 순간 그 느낌을 메모해 놓았지만 글을 완성하는 동안 발끝에서부터 올라왔던 순간의 맛이 많이 감소되었음을 알 수 있다. 그나마 사진이 있어 미묘한 순간들을 대신할 수 있어서 참 다행이다.

여행을 하다보면 사람들은 선을 따라 단순하게 움직이는 것을 좋아한다는 것을 알게 된다.

선을 따라 걸어갈 때는 이것저것 생각할 필요 없이 앞만 보고 조용조용 물 흐르듯 빠져나가면 된다. 이런 편리성 때문인지 코펜하겐이나 프랑크푸르트는 선의 규칙을 엄격히 정해 놓았다. 이와 반대로 선이 희미한 하노이의 거리에는 '내가 가니 길 좀 비켜주오'라고 하는 듯 "빵빵" 하는 경적소리가 뒤엉켜 정신이 혼비백산하기도 한다.

사람들은 옛것에 대한 향수와 그 향수를 붙들어 두고 싶어 한다. 그게 비록 하잘것없어도 그 존재의 중요성 때문에 간직하려 한다. 잎이 지고 마른 나무 둥치에도 봄이 오면 줄기가 나고 꽃이 피고 열매를 맺듯 과거 문화유산의 바탕 위에서 새로운 문화가 움트게 된다. 로마가 그렇고 상트페테르부르크가 그렇고 앙코르와트가 그렇다.

미국 독립기념일에 불꽃놀이를 보기 위해 시애틀의 옛 화력발전소 큰 언덕에 들린 적이 있었다. 모여든 인파들로 말 그대로 입추의 여지가 없었다. 물밀듯이 밀려오는 인파들, 그 속에서도 흐트러지지 않는 질서, 끼어 들어오는 사람에게는 "노우, 노우"하면서도 양보하는 사람들, 많은 사람이 한꺼번에 빠져 나갈 때도 물 흘러가듯 했다.

동남아시아를 여행하면서, 경제적으로 부유하지 못해 관광객에게 손을 벌리는 처지이지만 천진난만한 웃음을 선사하는 아이들의 모습은 참으로 행복해 보였다. 이들을 보며 혼자 불행한 듯하며 지내던 때가 반성되기도 하였다.

어떤 때는 낯선 도시의 별빛을 바라보며 일상의 짐을 가벼이 내려놓고 내 곁에 다가와 있는 커피 향에 취해 본다.
분주히 돌아다니는 낯선 도시의 사람들을 우두커니 바라보며 '나는 누구인가'를 반추해 보라. 그러면 찌들었던 마음이 커피 향만큼이나 아름다운 행복의 내음에 빠져들게 될 것이다.
이런 맛에 낯선 도시로의 여행을 하는 것이다.

아직까지는 다녀온 여행지가 그리 많지 않지만 여행의 의미와 그곳에서의 추억을 이 책에 조심스레 담아 보았다. 마음의 무게를 가볍게 하기 위해 그 지역 문화에 대한 역사적인 사실들은 가능한 피하였다.
이젠 그간 한 번도 가보지 못했던 미지의 나라에서 또 다른 문화적 경험을 하고 싶다. 그리고 감동의 이야기를 쓰고 싶다.

2011. 6
치산골에서
김창수

Prologue 005

스위스 인터라켄, 유럽의 정상에 서다 …019

스웨덴 자유의 향기, 스톡홀름 …027

오스트리아 알프스의 장미, 인스부르크 …035

독일 로맨틱 가도가 시작되는 작은 도시, 뷔르츠부르크 …043
중세가 숨 쉬는 낭만 도시, 로텐부르크 …048
유스티티아가 지키는 정의의 도시, 프랑크푸르트 뢰머 광장 …053

이탈리아 박물관 도시, 로마 …057
화려한 바다의 왕국, 베네치아 …066
르네상스의 도시, 피렌체 …072
피사, 그리고 기울어진 종탑 …080
밀라노, 에마누엘레의 이탈리아 …085

교황청 바티칸 …091

프랑스 센 강을 따라 흐르는 예술의 도시, 파리 …099

영국 런던, 워털루의 추억 …109

노르웨이 피요르드 가는 길 …119
노르웨이의 시골 마을 …124
중세와 공존하는 현대, 베르겐 …127
브릭스달 빙하 …132

러시아 상트페테르부르크에 발을 딛다 …139
크라스나야, 모스크바 …147

캄보디아 씨엠립 사람들 ...155
신들의 거처, 앙코르 와트 ...160
바이욘의 미소, 앙코르 톰 ...164
불효자의 눈물, 따프롬 ...167
연꽃이 피어나는 사원, 반티아이 스레이 ...170
메콩강의 수상 광장, 톤레사프 ...173

태국 불교 도시, 방콕 ...181

호주 아름다운 항구, 시드니 ...189
황금 해변의 자유, 골드코스트 ...196

뉴질랜드 마오리의 땅에서 ...201

미국 평면의 도시, 로스엔젤레스 ...211
명화의 고향, 할리우드와 유니버설 스튜디오 ...214
씨 월드 샌디에이고 ...220
아이다호에서 ...224
시카고, 1983년 ...229
서부의 관문, 세인트루이스 ...240
나이아가라 폭포 ...243
미국의 수도, 워싱턴 D.C. ...247
얼음 공원, 글레이셔 ...252
모르몬교의 성지, 솔트레이크시티 ...264
아치스 국립공원 ...271
브라이스캐니언 ...279
캐니언 속 캐니언, 캐니언랜즈 ...284
인디언의 땅, 나바호 모뉴먼트 밸리 ...293
캐니언의 진수, 그랜드캐니언 ...303
간헐천이 솟아오르는 옐로우스톤 ...311
옐로우 스톤, 희망과 절망 사이 ...319
시애틀의 잠못 이루는 밤 ...325
스타게이트, 휴스턴 ...335

캐나다 밴쿠버의 밤 ...343

Epilogue 349

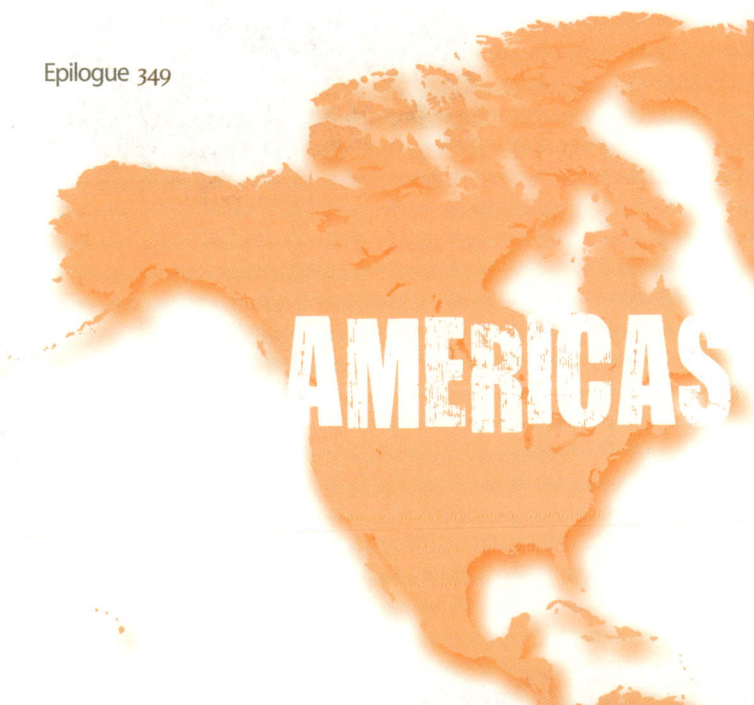

EUROPE

유럽
歐羅巴

SWITZERLAND
스위스

인터라켄, 유럽의 정상에 서다
INTERLAKEN

　이탈리아에서는 높은 산을 본 적이 없다. 산이라기보다는 언덕인 곳에 풀이 누렇게 말라서 보기에도 안쓰러웠다. 새파란 풀 한 포기라도 보려면 시골 거리를 달릴 때 집 주위에서나 겨우 찾을 수 있을 정도다. 독일의 아우토반과 같이 통행료 없이 마음대로 질주할 수 있는 시골길 주변 산비탈에는 그림 같은 집들이 정겹게 들어앉아 있었다. 자유롭고 풍요로워 보이는 스위스의 풍광은 찌든 마음을 달래주기에 충분했다.

　알프스 터널 17킬로미터를 지나 스위스 인터라켄으로 가는 길목에는 플라타너스가 양 길가에 도열해 있었다. 푸름을 잃지 않은 이곳의 플라타너스는 풍요로움을 더했다.

　한눈에 봐도 스위스는 산악 국가임을 알 수 있다. 어디를 봐도 높은 산으로 둘러싸여 있고 공기는 상쾌하고 나무와 풀은 무성했다.

　깊은 계곡과 강에는 맑은 물이 흘러내렸다. 호수나 강 언덕에는 푸른 나무에 감싸여 있는 그림 같은 집들이 물의 향연을 물끄러미 바라다보고 있었다. 가끔 지나가는 모터보트가 산기슭에서 쏟아져 내리는 물줄기에 물방울을 한껏 머금고 있었다. 이런 풍경을 지켜보고 있노라니 신선이 사는 마을에 머물고 있는 것은 아닌가하는 착각에 빠지기도 했다. 유럽 국가의 공중화장실 대부분이 유료라 반드시 잔돈을 챙겨야 하는 번거로움이 있었는데 스위스에서는 그것으로부터 자유로웠다. 이런 강박에서 벗어나니 스위스의 아름다운 경치가 더 가까이 다가왔다. 여기에다 목이 마르면 화장실 물도 마음대로 마셔도 된다고 하니 이 작은 데서 느껴지는 깨끗함과 넉넉함과 여유로움에 매료되지 않을 수 없었다.

자연이 만들어 준 관광자원, 그것을 활용해 외화를 벌어들이고 있는 스위스. 이웃 나라를 자기 것으로 만들지 않겠다고 선언한 나라, 시계 산업으로 나라를 지탱해 나가는 나라, 그러면서도 잘사는 나라. 산자락에 집을 짓고 겨울이 오면 마을의 경사진 목초지 사이사이에서 스키를 즐기는 여유로움도 가지고 있다. 이곳의 소나 양은 급할 것이 없는 듯 천천히, 그리고 남의 것을 탐내지 않고 자기 앞의 풀만을 뜯고 있었다.

유럽의 정상인 융프라우를 가기 위해 열차를 세 번 갈아타야 했다. 처음

스위스의 시골길 주변 산비탈에는 그림 같은 집들이 정겹게 들어앉아 있었다. 자유롭고 풍요로워 보이는 풍광은 찌든 마음을 달래주기에 충분했다.

에는 보통의 열차를 타고 가다가 산 초입부터는 레일 사이에 톱니바퀴 모양의 선로가 하나 더 있는 산악 열차를 두 번 더 갈아탄다. 왕복하여 4시간 정도 걸렸다. 산악열차로 산악을 오를 때의 풍경은 참으로 이색적이었다. 군데군데 소를 방목해 놓기도 하고 목초를 키우기도 한 장면이 평화로워 보였다. 알프스로 가는 도중에는 빙하를 볼 수 있도록 조망 포인트가 곳곳에 설치되어 있었다.

　빙하 동굴을 지나면 눈이 쌓인 융프라우를 만날 수가 있었다. 이곳은 '유럽의 정상Top of Europe'이라는 별칭에 맞게 신비한 전망을 가진 신성한 영봉임이 분명했다. 모든 세상 잡념이 다 떨어져 나간 듯 마음은 순수 그 자체로 변하였다. 세상에서 짊어지고 살아야 했던 액운, 인연들이 다 끊어져 홀로 되어 2도의 서늘한 바람에 실려 날아갈 것만 같았다.

융프라우는 '유럽의 정상(Top of Europe)'이라는 별칭에 맞게 신비한 전망을 가진 신성한 영봉임이 분명했다.

융프라우의 감동과 달리 주위를 돌아다 보니 한국인이라는 인연의 끈을 더 굳게 하려는 듯 컵라면을 맛있게 먹는 한국 관광객이 눈에 띄었다.

정상에서 내려오는 길에 천둥 번개와 함께 소나기를 만났다. 낮에 후끈 달아오른 아스팔트 길바닥이며, 나뭇가지, 냇가에 이르기까지 빗물이 수증기가 되어 새하얗게 피어올라 장관을 이루었다. 이런 것은 알프스가 아니면 보기 어려운 장면인 듯싶었다.

인터라켄의 한 조그마한 마을에서 하룻밤을 지냈다. 호텔이라고는 하지만 엘리베이터도 수동으로 작동하는 2층집이었다. 집 주위에 관광버스며 승용차들이 많은 것으로 보아 많은 사람이 이곳에서 묵어가는 모양이다.

저녁을 먹고 산책에 나섰다. 사람들은 그리 많지는 않았다. 마침 그날은 주민들이 수요일마다 자신들을 위해 벌이는 축제의 날이었다. 키 큰 그네들이지만 자신보다 두 배 정도는 됨직해 보이는 알펜호른 3대로 연주를 하고 있었다. 악공의 알펜호른 연주는 축제의 시작을 알리기도 하지만 축제 분위기를 북돋아 주었다. 거리마다 노점상들이 책이며 토산품, 그리고 맥주 등을 늘어놓고 팔았다. 인공 암벽을 만들어 놓기도 했고, 소규모 연주회를 열기도 하고 그림 그리는 곳도 있었다. 술을 좋아하는 사람을 위해 마련해 놓은 맥주집도 보였다. 축제에 별 연관이 없는 가전제품 매장, 카메라 점 등은 일찌감치 불이 꺼져 있었다. 아마 기분 전환할 수 있는 것들로만 구성되어 있는 듯 보였다.

전통 옷을 입은 할머니들이 거리에 나타났다. 이 사람들은 오늘 거리의 하이라이트를 장식할 댄서들이다. 살기는 어떤지 모르겠지만 할머니들은 미소를 머금은 얼굴로 낯선 관광객들과 어울렸다.

그들의 품새로 보아 마음이 여유로워 보였다. 그 여유로움에 그곳 사람의 얼굴은 밝아 보였다. 비록 말은 통하지 않지만 표정언어, 몸짓언어는 만국의 공통어여서인지 서로의 즐거운 마음 정도는 나눌 수 있었다.

스위스 전통 의상을 차려입은 알프스의 할머니 댄서들. 이들은 오늘 거리 축제의 하이라이트를 장식할 것이다.

수요일은 주민들이 자신들을 위해 벌이는 축제의 날이다. 자기 키보다 두 배 정도는 됨직한 알펜호른을 연주하고 있다. 악공의 알펜호른 연주는 축제의 시작을 알리기도 하지만 축제 분위기를 북돋는 역할을 하기도 한다.

자유의 향기, 스톡홀름
STOCKHOLM

　스톡홀름은 스웨덴의 서울이다. 여기에 도착하는 순간 마음의 초점을 어디에 맞추어야 할지 몰라 당황했다. 사람들은 이런 마음을 갖게 하는 풍경을 환상적이라 표현하는 모양이다. 그래서인지 많은 사람들이 어린아이와 같이 마음이 들떠 색다른 곳이면 아무 곳에나 대고 셔터를 눌러대기 시작했다. 나중에 보면 그저 그렇고 그런 사진일지라도 지금 파인더를 들여다보고 셔터를 누르는 순간만큼은 행복 그 자체이다. 아마 이들은 풍경을 찍은 것이 아니라 행복을 찍고 있는 것인지도 모른다. 관광객들은 그 절묘한 마음의 풍경이 손끝에서 만들어진다는 것이 신기하기라도 한듯 계속 셔터를 눌러대고 있었다. 옆에 있는 사람도 그 절묘한 표현에 마음이 들었는지 그 자리가 비워지기를 기다린다. 이내 촬영 포인트가 된 셈이다.
　스톡홀름 시 청사는 고딕 양식으로 지어진 건축물로 남과 여를 상징하고 있다. 남자는 내일을 창조하고 여자는 어제의 역사를 간직하고 있다는 뜻이 담겨 있다. 황금의 방에는 호수의 여신이 황금으로 모자이크되어 있고, 왼쪽 부분은 왕실에서 일어난 일을 나타내고 오른쪽 부분은 과학, 기술 등의 상징을 표현했다. 그 만큼 과학과 기술을 중시하는 실용주의 생활을 실천하려는 의지가 엿보였다.
　시 청사에서는 노벨상 수상자들이 왕과 함께 계단을 오르면서 축배를 드

는 것으로도 유명하다. 2층에는 시의장실을 비롯해 시의회실이 있으며, 이 시 청사를 준공하는 데까지 힘을 쏟아 부은 근로자들의 상을 조각해 놓기도 했다. 이런 세심한 배려, 실제로 일을 한 사람들을 기억하는 그런 나라, 누가 보아도 살기 좋은 나라임에 틀림이 없다.

섬과 섬 사이의 바닷물은 고요와 평화를 만드는 재료인 듯 시 청사 주변 바다에서 불어오는 바람과 평화로움, 자유와 평등이 물씬 묻어나오는 맑은 향기, 그것에서 벗어나려 해도 그렇게 되지 않았다.

시 청사에서 바라본 스톡홀름의 경치는 말 그대로 환상 그 자체였다. 시 청사 반대편 언덕은 해발 55미터로 이곳에서 제일 높은 지대이다. 이 언덕에서 시 청사 쪽을 바라다보면 대지의 높이며 건물의 크기까지 모든 것을 평등하게 만들어 놓은 것을 알 수 있다. 자연과 어우러진 건축물은 아름다움의 극치였다.

←스톡홀름 시 청사 안에 있는 황금의 방. 수호의 여신이 황금으로 모자이크되어 있다.
→왕립 의장대 대원. 스벤스카 박물관 광장에서 의장 행렬을 펼치고 있다.

　열네 개의 섬이 다리로 연결된 곳이라고 느껴지지 않을 정도로, 그리고 불편 없이 많은 사람들이 섬 사이를 오갔다. 서울의 인구보다 적은 900만 명이 사는 나라지만 3분의 1에 해당하는 인구가 배나 요트를 가지고 있다고 한다. 우리와 비교해 보면 호화스러운 생활을 하고 있음이 분명했다. 여기에 낭만을 더하기 위해 배안의 카페에서 차 한잔 마시고 배 위의 아파트에 사는 사람도 있다 하니 그 삶이 참으로 색다르다 할 수 있다.
　스톡홀름의 아파트는 제아무리 높아야 17층이라고 하니 사람들 대부분은 흙내 나는 명당에 산다고 할 수 있다. 사람들은 바쁜 것도 없고 쫓기는 일도 없는 듯 여유로워 보였다. 이것은 아마도 많은 사람들은 사회보장제도의 그늘 아래서, 대학 등록금 걱정 같은 것은 없이 마음 놓고 공부할 수 있기 때문일 것이다.
　스벤스카Svenska 박물관 광장에서는 왕립 의장대가 관광객을 위해 의장 행렬을 하고 있었다. 흩어져 있던 많은 사람들이 몰려 행렬에 박수를 아끼지 않았다. 대원 한 사람 한 사람이 절도 있는 동작과 주위 사람의 시선에는 아랑곳하지 않는 시선 고정, 사회 분위기와는 다르게 엄격한 일거수일투족이었다.

    스톡홀름은 알프레드 노벨Alfred Bernhard Nobel, 1833-1896의 고향이기도 하다. 그는 일곱 살까지 스톡홀름의 남섬에서 살다가 러시아로 이주해 상트페테르부르크에서 살았고, 미국으로 유학해 기계공학을 공부했다. 크림전쟁 후 고국 스웨덴으로 돌아와 다이너마이트의 발명으로 유럽의 큰 부호가 되었다. 죽음의 상인이라는 오명을 안고 산 그는 평화와 인류 복지에 공로가 큰 이에게 수여할 상을 만들라는 유언을 남겼다. 노벨상은 그가 죽은 후인 1901년부터 문학 · 의학 · 평화 · 물리학 · 화학상 등 5개 부분에 대해서 수여하였으며, 1969년에 경제학상을 신설하여 수여하고 있다.

→스톡홀름의 항구.

AUSTRIA
오스트리아

알프스의 장미, 인스부르크
INNSBRUCK

인스브루크는 로마시대 이래로 알프스 동부의 교통 요지이다. 인스부르크는 오스트리아에서 가장 아름다운 자연 경관을 가진 도시로 인구 12만의 티롤 지방의 주도(州都)이다. 이 도시는 알프스 산맥에 있는 도시 가운데 가장 큰 도시로 1946과 1976년 두 번에 걸쳐 동계올림픽을 개최하였다.

12세기부터 건설된 구 시가지에는 합스부르크 왕가 막시밀리안 1세의 결혼식을 계기로 만든 '황금 지붕Golden Dachl'이 있다. 이 지붕은 그 당시 합스부르크 왕가의 세력을 과시하기에 충분했다. 발코니의 지붕은 모두 금으로 덮여 있는 독특한 건물로 지금은 시의 상징이 되었다. 황제는 이 발코니에서, 광장에서 벌어지는 행사를 구경했다.

이 건축물 주위에는 기타 연주를 하면서 노래하는 사람, 그림을 그리는 사람들이 거리의 아스팔트 위를 부드럽게 만들어 주고 있었다. 저녁이 되자 한낮의 뙤약볕도 누그러져 후텁지근했던 공기가 선선한 바람에 식혀 갔다. 건물과 산에 가려져 그늘이 되는 시간쯤에는 가게 문밖에까지 나와 생맥주 한잔씩 들이키는 거리의 모습은 정겹기까지 했다.

이곳은 스와로브스키의 유리 제품을 생산하는 곳이기도 하다. 그 명성을 자랑이라도 하려는 듯 2층으로 된 큰 가게 안은 유리로 만든 예술품이 진열되어 있었다. 유리로도 이렇게 화려하고 규모가 큰 작품을 만들 수 있구나

하는 감탄을 자아내게 했다.
　이곳 시골 마을은 생 울타리가 정겹게 다듬어져 있었고 정원수 밑에는 조그마한 그네가 매여 있는 풍경이 마치 아름답게 꾸며 놓은 소공원처럼 보였다. 어느 집이든 창문 밖에는 긴 의자가 어김없이 놓여 있었다. 창틀에 꽃들을 내다 놓은 것이 이 마을의 정취를 한 층 더 고조시켜 주었다.

인스부르크 외곽의 농촌 풍경. 창틀에 꽃을 내다 놓은 것이 마을의 정취를 한 층 더 고조시켜주고, 창문 밖에는 긴 의자가 어김없이 놓여 있다.

창틀에 꽃을 내 놓을 수 있을 정도의 여유로움은 그들의 삶을 더욱 풍요롭게 해 주는 듯했다. 길바닥에 먼지 하나 보이지 않는 정결함, 허리를 꾸부정하게 다니기는 해도 근심의 흔적이 전혀 보이지 않는 노인들, 그들은 오스트리아의 아름다움을 구성하고 있는 요소 가운데 하나이기에 충분했다.

길가의 풍경을 살벌하게 만드는 우리의 자동차 행렬과는 사뭇 다르게 자동차도 가족의 일원으로 집 안 한켠에 당당히 자리 잡고 있었다. 그 모습은 참으로 아름답게 보였다. 차 다니는 길에 차를 세워 놓아도 된다는 생각을

가진 우리의 문화와는 사뭇 달랐다. 도로는 차가 없어서인지 쾌적하고 넓게 보였다. 그런 길을 산책하고 나니 아침밥을 먹지 않았는데도 인스부르크의 맑은 향기로 배가 그득 불렀다.

'황금 지붕(Golden Dachl)'. 12세기 합스부르크 왕가 막시밀리안 1세의 결혼식을 계기로 만든 이 지붕은 그 당시 합스부르크 왕가의 세력을 과시하기에 충분했다. 발코니의 지붕은 모두 금으로 덮여 있는 독특한 건물로 지금은 시의 상징이 되었다.

로맨틱 가도가 시작되는 작은 도시, 뷔르츠부르크
WÜRZBURG

로텐부르크에서 북쪽으로 차로 한 시간 정도의 거리에 있는 마인 강변의 조그마한 도시 뷔르츠부르크는 로맨틱 가도 Romantische Strasse, 뷔르츠부르크에서 퓌센까지 이르는 약 300km의 도로가 시작된다. 독일의 남서쪽에 위치한 이 작은 도시의 이름에는 풀잎과 언덕이라는 뜻이 담겨 있다.

이곳에서 빼놓을 수 없는 건축물로 레지덴츠 Residenz를 들 수 있다. 이 건축

물은 요한 노이만(Johann Balthasar Neumann, 1687-1753)을 비롯한 각 분야의 전문가들이 1719년부터 1744년까지 약 25년에 걸쳐 건축한 바로크 양식의 화려한 장식으로 꾸며진 궁전이다. 레지덴츠 정원의 나무 밑에는 아름다운 조각품들이 설치되어 있다. 이곳의 나무와 잔디, 꽃들은 서로 조화롭게 꾸며져 있었다.
　이곳은 마리엔베르크 요새와 더불어, 1981년 유네스코 세계문화유산으로 지정되었다.

레지덴츠(Residenz). 요한 노이만 등이 건축한 바로크 양식의 화려한 궁전이다. 레지덴츠의 정원수 아래에는 아름다운 조각품들이 설치되어 있다.

중세가 숨 쉬는 낭만 도시, 로텐부르크

로맨틱 가도와 고성 가도가 교차하는 타우버 강가에는 '중세의 보석'이란 별명을 가진 로텐부르크가 있다. 이곳은 중세의 모습을 간직한 낭만의 도시로 인구 20만이 모여 살고 있다. 로텐부르크 성곽은 슈타우펜 왕조 때 지은 요새이다. 지금의 건축물은 제2차 세계대전 때 약 40퍼센트 정도가 파괴되었으나 그 후 복원시켜 놓은 것이다.

로텐부르크는 전체적으로 갈색 톤의 지붕과 뾰족한 탑들이 시선을 끈다. 성곽 안의 도로 바닥에는 쑥돌인 듯한 조그마한 돌을 타일과 같은 모양으로 깔아 놓았다. 전쟁 후 재건한 것이라고는 하지만 이 돌의 반질거림에서 역사가 배어 나오는 것이 중세풍 그대로였다. 중세풍을 가미한 예술성 높은 간판이 알맞은 크기로 걸려 있어 창밖에 내 놓은 꽃과 함께 거리를 품격 있게 표현해 놓았다. 창밖에 나풀거리는 꽃잎의 손짓은 나무가 적은 성 안에 아름다움을 꽉 채움과 동시에 절제 속의 여백을 보여 주었다. 이따금씩 다니는 마차는 그때의 상황을 리얼하게 말해 주려는 듯했다. 이런 맛에 취해 보고 싶어서인지 얼마 안 되는 거리지만 마차에 올라 거리를 한 바퀴 돌아보는 사람들도 종종 보였다. 망루의 시계는, 그 앞에서 반바지에 푹 파인 윗옷을 걸친 현대의 사람들을 중세로 거슬러 시간여행을 하게 하는 타임머신 같았다.

딱딱한 시멘트나 살벌한 느낌의 철제로 아름다움을 표현하려는 문화보다는 손때의 정감에서, 옛 사람들의 마음을 따뜻하게 그리고 부드럽게 표현한 것이 아닌가하는 생각 때문인지 로텐부르크에 정감이 갔다. 성곽은 비록 기둥이 나무로 되어 있지만 지붕과 여러 개의 높은 망루, 성곽 안으로 들어가

는 곳에는 검문할 수 있는 검문소, 총을 내놓을 수 있는 총안구가 돌로 쌓여 있어 전천후로 성을 방비할 수 있도록 되어 있다. 이때부터 그들은 안전하고 완벽한 것을 원했던 모양이다. 비가 올 때도 성곽을 지킬 수 있고 추워지면 추위를 피할 수 있는 자리를 마련해 놓았다. 이런 것을 보면 그들의 생각은 자기에게 속한 무리에게는 인본주의적인 생각을 가졌던 것으로 보인다. 하나하나 쌓은 돌이 지금도 온전한 모습으로 보존되는 것은 하나라도 완벽하게 만

로텐부르크 성곽

들려는 그들의 정신이 작용한 것으로 보인다.

  이곳을 보기 위해서 해마다 100만 명이라는 사람들이 찾아온다고 한다. 이런 결과는 조상이 남겨 준 문화를 잘 보존하고 그것을 후손에게 물려주려는 마음의 결과라 할 수 있다.

  우리의 주거 문화를 대라면 내보일 것이 거의 없다. 목조 건물이 좀 있기는 하지만, 그리고 시멘트 문화가 발달하면서 13평의 아파트가 많이 건설되었지만, 이것들이 다 없어져 가고 있다. 우리의 주거 형태의 중간 과정 전체가 없어진 셈이다.

  앞으로 우리는 주거 형태의 변화 과정을 어떻게 설명할 수 있을까. 우리는 앞으로 후손들에게, 실물이 사라지고 없는 허상으로 삶의 형태를 가르치려면 진땀을 좀 빼야 할 것 같다.

유스티티아가 지키는 정의의 도시, 프랑크푸르트 뢰머 광장
RÖMERBERG

15세기 초, 귀족의 저택 3채를 프랑크푸르트 시의회에서 사들여 시 청사로 사용했다. 이 중 한 채는 황제들이 연회를 베풀던 곳으로 뢰머라 불렸다. 이곳에서 황제 대관식이 거행되기도 했다. 또한 광장 중앙에는 한 손에는 칼, 다른 한 손에는 천칭을 들고 있는 정의의 여신 유스티티아Justitia 상이 우뚝 서 있다. 이 상에는 공무를 볼 때는 공평하고 정직하게 해야 한다는 의미

와 부정은 칼로 도려내야 한다는 의미가 담겨 있다.

그런 정신이 지금의 독일을 만들었다. 질서가 몸에 밴 사람들, 자전거 길은 자전거가, 사람 길은 사람이, 찻길은 차가 다닌다는 그런 약속을 서로 지키는 나라를 만든 것이다. 누구도 이 규칙을 깨지 않고 만약 깼다면 그 사람에게 책임을 명확하게 묻는다.

귀족의 집을 사서라도 시 청사를 사용할 수 있는 이 나라 사람들을 보며, 연말이 되면 예산이 남는다고 멀쩡한 보도블록을 바꾸는 일이 비일비재한 우리나라 지자체의 행태를 떠올린다. 남은 예산으로 그 돈이 꼭 필요한 다른 곳에 쓸 수는 없는지, 그리고 백 년이 흘러도 이백 년의 역사를 간직한 고풍의 보도블록을 간직할 수는 없는지 아쉬움이 남는다.

→정의의 여신 유스티티아(Justitia) 상. 뢰머 광장 중앙에 서 있는 여신상의 오른손에는 칼, 왼손에는 천칭이 들려 있다. 천칭은 한짐 치우침 없는 정의를 나타내고, 칼은 정의를 어겼을 때 칼로 심판한다는 의미를 지닌다. 유스티티아의 이름은 '정의(justice)'의 어원이 되었다.

ITALY

이탈리아

박물관 도시, 로마

베네치아에서 로마로 가는 길에, 어느 시골의 한 호텔에 머물렀다. 호텔이라기보다는 모텔에 더 가까울 정도로 자그마한 숙박업소였다. 이곳의 농촌은 하룻밤 머물면서 보아도 참 잘사는 마을 같아 보였다. 농촌 주택이지만 330제곱미터가 넘어 보이는 큰 2층집이며 1천 제곱미터는 족히 됨직한 정원, 거기에 매여 있는 그네가 인상적이었다. 주택가 길은 풀이 나 있기는 해도 인도가 따로 있었다. 거리마다 포플러가 우뚝 서 있었고 길옆으로 쭉 뻗은 큰 수로가 있어 가뭄 걱정 없이 작물을 키울 수 있게 해 놓았다. 이 마을 사람들은 벼농사는 물론 포도, 옥수수 농사를 주로 짓는 것으로 보였다.

멀지 않은 곳으로 지나는 송전탑은 그 크기로 보아 고압 전류가 흘러가는 듯했다. 독일에서 수입되는 전기는 이 선로를 통해 이탈리아 전역에 공급된다고 한다.

나무 울타리 사이로 보이는 집을 보아도 잔디밭을 가꾸기가 그리 쉽지 않아 보였다. 인스부르크에 묵을 때 호텔 주변의 시골집들처럼 정돈된 울타리, 정원의 푸른 잔디가 고만고만한 키로 잘 깎여 있었다. 창문 밖에 가지런히 놓여 있는 벤치, 그런 것들이 아기자기하게 모여 소꿉놀이하는 듯 그림 같아 보였다. 새벽에 일이나 그 주위를 둘러보아도 더 치울 것이 없을 만큼 깨끗한 마을이었다.

송전탑이 지나는 이탈리아의 들판. 독일에서 수입되는 전기는 이 송전선을 통해 이탈리아 전역에 공급된다.

    거기에 비해 이탈리아는 자유분방해서인가, 손질을 하지 않아서인가, 규모를 제외하고는 우리가 사는 모습과 많이 닮아 보였다. 그래서인지 해가 뉘엿뉘엿 지평선 너머로 기울어 가니 잠깐 사이에 풀숲에서 모기떼가 자기 땅이라고 징징 울어댔다. 무슨 경고라도 하려는 듯 모기떼의 움직임이 심상치 않았다. 여기저기를 마구 쏘아대며 더 구경하지 말라는 듯 큼직한 모기가 텃세를 부리는 건지 산책을 방해했다. 하는 수 없이 우리와 닮은 농촌 생활을 더 보지 못하고 방안에 꼭꼭 숨어 밤을 지새야 했다.
    들판에는 사료를 만들 풀들이 널려 있었다. 이따금 보이는 해바라기는 들판을 훤하게 만들었다. 어느 호텔에 해바라기를 주제로 한 그림들이 걸려

로마의 공회당. 오른쪽에 개선문이 보이고 그 뒤로 고문서 보관소가 있다.

있었다. 우리 호남지역의 음식점에 하나쯤은 걸려 있는 한 폭의 수묵화, 한 점의 묵서와 같아 보였다.

로마의 식당과 호텔에는 로마 건축물과 역사에 대한 것들이 벽에 붙어 있었다. 로마 거리 자체가 박물관 도시이고 건축물은 로마시대로 되돌려 살게 하였다. 바닥에 깔려 있는 돌길은 오래된 세월만큼이나 닳아 반질거렸다. 차가 지나다녀도 견딜 정도의 튼튼한 바닥도 파헤치기를 밥 먹듯 하는 우리의 현실과 비교되었다.

19킬로미터나 되는 성벽 안으로 일 년에 5천만 명 정도의 관광객이 찾아오는 도시여서 그런지 휴지통 주위에는 통 안에 들어가지 못한 쓰레기들로 넘쳐나고 있었다.

　여기 유물들의 규모로 보아 축조될 당시 수많은 돌과 사람이 동원되었음 직해 보였다. 이것을 유지하고 보수하는 것은 후세 사람의 몫이 되었다. 관람객이 맡겨 두고 가는 돈은 이 로마 제국의 유산을 지켜 주고 있었다.

　로마는 350개의 성당과 150개의 예배당이 있다. 이런 것만 보아도 로마 시민은 기독교 사상으로 무장되어 있다고 볼 수 있다. 신앙을 올바르게 믿어 보겠다는 의지의 발로인지 많은 조각이나 그림은 예수에 관련된 것들이 대부분이었다.

판테온(Pantheon). 만신전(萬神殿). 기원전 27년에 아그리파에 의하여 창건되었다가 불타 없어진 것을 115년-125년에 하드리아누스(Hadrianus)가 재건한 것으로, 로마 시대의 대표적인 건축물이다.

대리석이 많이 나는 나라답게 대리석 작품이 주를 이루었다. 대리석은 다양한 색깔에 경도까지 낮기 때문에 조각하기가 쉽고 그로 인해 이를 활용한 예술이 발달했다. 대리석은 화산재를 가루로 만든 접착제를 사용해 붙인다. 화산재 가루로 만든 접착제는 시멘트보다 단단하여 오랜 세월동안 떨어지지 않고 그대로 견딘다고 한다.

 스페인 거리에는 스페인 국기가 걸려 있고 광장에는 분수대가 있다. 분수대 위의 계단을 올라가면 부유층이 주로 살고 있다. 이 거리는 많은 사람들이 쇼핑과 구경을 하느라 붐볐다. 분수 주위에는 많은 연인들이 앉아서 사

스페인 광장. 17세기에 교황청 스페인 대사가 이곳에 본부를 두면서 스페인 광장이리고 불리게 되었다 영화 〈로마의 휴일〉에 등장하여 유명해졌으며 이탈리아 사람들은 물론 관광객들로 항상 붐빈다.

랑을 속삭인다. 어떤 이국적인 장사꾼은 이 틈을 노려 붉은 장미를 들고 돌아다니면서 팔고 있었다.

　트래비 분수는 많은 사람들이 둘러앉아서 분수대 조각품을 감상하면서 물 한모금 마시며 동전을 던지면 다시 로마로 돌아오고, 다시 물 한모금 마시고 동전을 던지며 사랑의 소원을 빌면 그 사랑이 이루어진다고 한다. 이런 의미가 담긴 동전은 아침에 수거하여 유네스코에 기탁해 자선사업에 활용한다고 한다.

트레비 분수(Fontana di Trevi). 폴리 대공의 궁전 정면에 있는 분수로 로마에 현존하는 가장 큰 규모의 분수이다. 동전을 던지면 언젠가 로마로 다시 돌아온다는 속설이 있다.

콜로세움은 로마의 상징인 원형경기장으로 당시 로마인의 생활상을 한눈에 읽을 수 있다. 검투사와 짐승이 생사를 겨루는 격투가 있는 날에는 80개 정도의 출입문을 통해 5만 5천 명의 관람객이 입장할 수 있을 정도의 규모가 큰 경기장이었다.

콜로세움 바로 옆에는 콘스탄티누스 개선문이 있다. 그때 이 개선문을 통해 들어온 로마 병사들은 지금 가고 없지만 승리의 술잔을 높이 들며 새로운 로마, 거대한 로마를 만들자고 외치는 함성이 들리는 듯 당당하게 서 있다.

콘스탄티누스 개선문(Arco di Constantino). 콜로세움 바로 옆에 있다.

콜로세움(Colosseum). 로마 최대의 원형경기장으로 이탈리아어로는 콜로세오(Colosseo)라고 한다.

화려한 바다의 왕국, 베네치아
VENEZIA

　이탈리아 남쪽에 위치한 베네치아는 육지에서 얼마 떨어지지 않은 120여 개의 섬으로 이루어진 수상 도시이다. 건물 사이 골목길 대신 바닷길이 있는 것이 다른 도시와 다른 점이다.
　건물과 건물 사이로 많은 곤돌라가 물 위를 미끄러지듯 소리 없이 조용조용, 부딪칠듯 부딪치지 않고 아슬아슬하게 바다 골목을 빠져나간다.
　1500여년 전에 이 도시가 처음 만들어졌을 때만 해도 곤돌라를 타고 이집 저집을 나들이 하던 것이 지금은 관광객을 태우고 골목골목을 누비는 관광상품이 되었다.
　중세의 옷을 입고 여유롭게 노를 젓는 사공들. 베네치아의 한 풍경을 만들어가고 있다.
　사람과 사람 사이에도 운전을 잘못했다가는 부딪치기 일쑤인데 사공은 삿대에 의지해 앞으로 내달리는 곤돌라를 자기 수족같이 움직였다. 그러면서 서로 부딪치지 않는 것을 보면 좁은 공간을 넓게 사용하는 기술, 이것이 사람 사는 기술이라 할 수 있을 게다.
　내가 어렸을 적 다산이던 시대에는 형제 간에 부딪치는 횟수가 많았다. 배고플 때는 누룽지 한 조각이 아쉬운 상황에 그것을 좀 더 차지하려고 싸우기 일쑤였다. 서로 좋아 결혼한 사이라지만 세살 버릇이 여든까지 간다는데

성인이 만나서 어울려 산다는 것은 쉽지만은 않을 것이다. 가장 가까이서 사는 부부 간의 공유 공간도 쉽지는 않지만 서로 넓게 사용한다면 둘 사이에 다툼이 없을 거라는 생각을 베네치아의 사공을 보면서 떠올려 보았다.

베네치아 사람들은 이스트리아Istria와 달마티아Dalmazia를 정복한 축하 행사를 1000년부터 "우리의 바다여, 영원한 정복의 상징으로 바다와 결혼하노라!"라고 외치면서 바다와의 결혼식을 올렸다고 한다.

성 마르코 광장, 산타 마리아 살루테 성당, 두칼레 궁전이며 한숨의 다리가 운하의 뱃길 따라 펼쳐지는 것을 보니 베네치아의 화려했던 왕국이 그려졌다.

한숨의 다리(Ponte dei Sospiri). 두칼레 궁전과 팔라쪼 운하 건너편 형무소를 잇는 다리이다. 죄수들이 수감되기 전에 이 다리의 창살을 통해 대운하를 내다보며 깊은 한숨을 내쉬었다고 해서 붙여진 이름이다.

바닷물에 잠겨 있는 건축물의 기초는 어떻게 만들었을까, 바닷물에도 건축물이 부식하지 않고 이렇게 건재하게 하는 기술은 무엇인가. 모든 것이 의문이 아닐 수 없다.

집은 붉은 벽돌로 지은 다음 시멘트로 발랐다. 그리고 나무로 갯벌을 표시하여 뱃길임을 알려 주었다. 섬과 섬 사이는 아치형의 다리로 연결되어 있지만 그 폭이 너무 좁아 차까지 다니기에는 좀 어려워 보였다.

베네치아공화국의 총독부였던 두칼레 궁전은 고딕양식으로 문 위의 아치형 틀에 그때 당시의 이야기를 벽화로 그려 넣었다. 두칼레 궁전과 성 마르코 대성당이 있는 성 마르코 광장의 고전적 건물에는 총독부의 행정실과 상가로 둘러싸여 있었다. 그 광장에는 비둘기들이 가득했다. 관광객들은 비둘기에게 모이를 주며 서로 한 덩어리가 되어 친구처럼 노는 것이 참 인상적이었다.

성 마르코 광장은 1529년에 대성당과 종탑이 복원되었다. 500미터 정도의 길이가 될 만큼 큼직한 광장은 베네치아의 역사, 정치, 문화의 한 활동 무대가 되기도 했던 곳이다.

그 시대에도 이렇게 섬세하고 규모가 큰 성당이며 하늘을 찌를 듯 솟아오른 종탑은 어떻게 쌓아올렸을까 하는 생각에 이르니 새삼 종교의 힘은 대단하구나 하고 감탄하게 된다.

그 시대를 생각하면서 카메라를 들고 거닐어 보았다. 좁은 땅에 마련한 큼직한 광장은 그 동네 사람을 너머 관광객까지 머물게 하였다. 그러면서 1500년 전 그네들의 풍성한 삶과 문화와 역사의 맛을 보여 주었다.

베네치아는 온고지신의 값어치가 그 어떤 현대 문명보다 아름답고, 사람의 마음을 당시의 문화 속에 묶어 두는 마력이 있음을 알게 해 주었다.

성 마르코 광장(↑)과 물의 도시 베네치아 전경.

르네상스의 도시, 피렌체

피렌체는 로마, 베네치아와 함께 이탈리아를 대표하는 예술의 도시이다. 피렌체에서 예술을 연마한 유명한 사람은 레오나르도 다 빈치, 미켈란젤로, 라파엘로가 있다. 이들은 서양의 미술을 공부할 때나 역사를 공부할 때 빠지지 않고 등장하는 역사적 인물이다. 문화의 바탕이 다른 데도 그림을 보거나 조각품을 보거나 느끼는 점은 사람마다 비슷한 모양이다. 그들의 작품에는 오늘날에도 많은 사람의 발걸음을 멈추게 하는 영혼이 담겨 있다. 좋은 작품은 시공을 뛰어넘고 문화적, 예술적 배경을 뛰어넘는 미를 가지고 삶에 영양을 제공한다.

피렌체는 도시 전체가 붉은색 계통으로 물든 갈색의 건물이 대부분이었고 곳곳에 종교적 공간인 돔형의 건물이 보였다. 쭉 뻗은 길이 직선의 아름다움과 걷는 효율성을 강조한 듯했다. 조금 높은 곳에서 피

↙시뇨리아 광장에 있는 단테(Dante) 상
↓베키오 궁 앞에 있는 미켈란젤로의 다비드 상(복제품).

렌체를 조망하면 눈에 제일 먼저 와 닿는 곳은 시뇨리아 광장이다. 이 광장에는 1310년에 건립된 고딕 양식의 베키오 궁이 94미터 높이의 종탑과 함께 우뚝 서 있다. 궁 외벽은 툭툭 튀어나온 돌 벽으로 되어 있다. 단순하지만 튼튼하게 보이는 건축미가 마음에 쏙 와 닿았다.

주위에는 미켈란젤로의 다비드 상 복제품이 서 있고, 잠볼로냐의 토스카나 대공작 코지모 1세 청동 기마상은 여전히 이곳을 다스리고 있다. 눈에 띄는 건축물로 1300년대 후반기에 완성된 산타 크로체 대성당이 있는데 이 아름다운 건축물에는 미켈란젤로 무덤과 단테의 추모비가 있다. 이곳 내부에 관을 보관하는, 곧 무덤이 있다는 것에 대해서는 종교적·문화적 차이에서인지 선뜻 이해할 수가 없었다. 하지만 많은 사람이 이 관을 문지르면서

073

←베키오 궁 / ↑단테의 탄생지 / →천국의 문. 피렌체의 성 요한 세례당 동쪽에 설치된 청동 문이다. 기베르티(Lorenzo Ghiberti)가 제작했고, 미켈란젤로가 '천국의 문으로서도 손색없다'라고 말한 이후 이렇게 불리워졌다.

현대에 이르기까지 가슴에 담아 둘 수 있는 불멸의 작품을 남긴 고인에게 감사를 표하는 듯했다.

그 다음으로 또 눈에 띄는 것은 두오모 대성당$^{Santa\ Maria\ del\ Fiore}$과 조오토의 종탑, 성 요한 세례당을 들 수 있다. 두오모 대성당은 길이 153미터, 넓이 38미터에 이르는 대 성당이다. 성당 내부는 세 개의 본당으로 나뉘어 있으며, 그 안에는 바사리$^{Giorgio\ Vasari,\ 1511-1574}$의 프레스코화 〈최후의 심판〉페데리코 주카리$^{(Federico\ Zuccari,\ 1542-1609)가\ 완성}$ 등 많은 예술 작품이 있다. 이 성당은 종교 행사뿐만 아니라 단테의 〈신곡〉 낭송과 시 낭송 대회를 여는 등 문화 활동에도 활용하고 있다.

조오토 종탑은 높이 84미터로 마름모, 육각형 모양의 대리석으로 장식된 건물이다. 종탑 아래 부분에는 인간의 창조와 예술의 상징이, 상단에는 우주, 덕행, 예술, 성사를 의미하는 상징이 장식되어 있다.

성 요한 세례당은 6세기경에 세워진 것으로 원형 구조로 되어 있으며 단테도 이곳에서 세례를 받았다고 한다.

피렌체를 통과하는 아르노^{Arno} 강에는 베키오 다리가 놓여 있다. 로마시대에 처음 만들어진 것으로 알려져 있으며 지금의 다리는 1345년에 재건된 것이다. 이 다리에는, 중세기에는 생선 가게, 정육점 등의 상점이 있었으나 지금은 다리 양측에 작은 집들과 보석상이 들어서 있다.

→ 조오토의 종탑.

피렌체 전경. 두오모 대성당(Santa Maria del Fiore)과 조오토의 종탑이 우뚝 솟아 있다.

피사, 그리고 기울어진 종탑

성당은 대성당과 세례당, 종탑이 있어야 한다고 한다. 그래서인지 어디를 가나 성당이 있고 원통형의 세례당과 높게 세워진 종탑이 있다. 이탈리아는 산이 보이지 않는 곳이어서 높은 종탑의 울림은 공기의 저항을 이겨내는 곳까지 멀리 퍼져갈 것 같았다. 집에 눌러 있고 싶어도 그렇게 할 수 없도록 마술피리에 이끌리듯 은은하게 울려 퍼지는 종소리의 음파를 따라 성당에 이르게 하는 것 같다. 그래서 이탈리아의 많은 사람이 성당을 찾고 그곳에서 자기의 삶의 가치를 한층 더 높여 갔으리라. 이런 종 울림은 종탑의 높이만큼이나 비례해서 퍼져 나가 길을 잃고 방황하는 사람에게는 이정표로, 마음의 갈등을 가진 사람에게는 그것을 풀어 주는 마침표로 이탈리아 사람의 마음속 깊이 자리 잡고 있었으리라.

피사에도 어김없이 피사 대성당과 종탑과 세례당이 있다. 이 건축물은 11세기 중엽에서 14세기 중엽에 걸쳐서 세워진 것으로 알려져 있지만 그 건축물의 재료에서는 그만큼 긴 세월이 느껴지지 않을 정도로 젊어 보였다. 성당은 피사식 로마네스크 건축 양식의 대표적인 건축물로 이 시대 사람의 생각과 삶의 양식, 그 양식을 이루어 나가는 기술이 배어 있었다. 이런 양식을 이어받은 이곳 사람들은 자기 선조들에 대한 자부심으로 빌길음이 가벼운 삶을 꾸려 나가고 있었다.

피사의 사탑.

피사 대성당. 앞에서 부터 차례로 세례당, 두오모, 종탑(피사의 사탑).

피사의 탑은 기울어져 있는 건축물로도 유명하다. 건립할 때는 70미터 높이로 세우기로 했지만 공사 초기부터 기울어지기 시작해 공사를 멈추었다가 1300년 말경 톰마조 피사노가 54.8미터 높이에서 공사를 마무리했다. 부실공사라고 생각해서 이 건물을 중간에 뜯어낸 다음 처음부터 다시 공사를 시작했더라면 이런 좋은 관광 상품을 잃고 말았을 것이다. 또한 기울어진 그대로 유지하면서 마무리한 그때의 사람들은 이 정도로 많은 관광객이 그때의 에피소드를 즐기면서 관광할 것이라고 예측이나 하였을까. 이 사탑은 원통형으로 되어 있으며 아래쪽은 폐쇄형 아치로, 그 위쪽은 좁은 아치형의 아름다운 기둥을 6층까지 발코니 식으로 올린 건축물이다.

세례당은 로마네스크 양식의 건축물로 내부 지름이 35.5미터인 원형에 아치와 발코니로 장식되어 있다. 한여름 푸름 짙은 잔디밭에 조각해 놓은 듯 아름다운 구성에 이곳에 더 머물고 싶은 마음이 녹아난다.

관광 상품으로 일부러 사탑을 만든 것은 아닌지 의심이 들 정도로, 다른 곳에 비해 성당의 잔디밭이 유난히 넓다. 확 트인 푸른 잔디밭은 철부지 어린이들이 들어가 뛰어놀기도 하고 어떤 사람은 그곳에 살짝 들어가 사진을 찍을 만큼 매혹적인 곳이기도 하다. 이곳은 산도 계곡도 없으니 사진의 배경이 될 만한 곳이 특별히 있는 것도 아니다. 그러던 차에 트인 곳에 사탑이며 맑게 보이는 세례당은 사진의 배경으로 안성맞춤이 아닐 수 없다.

밀라노, 에마누엘레의 이탈리아

롬바르디아 주의 주도(州都) 밀라노는 경제 중심의 도시이다. 또 문화와 공업의 중심 도시로 발전해 왔다. 패션뿐만 아니라 음식, 오페라로 유명하며 세계에서 네 번째로 큰 두오모 성당 Duomo di Milano과 유럽 오페라의 중심 스칼라 극장, 비토리오 에마누엘레 2세 갈레리아가 유명하다. 비토리오 에마누엘레 2세 갈레리아는 복도 부근을 투명하게 하여 전기를 켜지 않고도 실내를 밝게 했다. '조국의 아버지'로 불리며 이탈리아 국민으로부터 존경받는 비토리오 에마누엘레 2세는 통일 이탈리아의 초대 왕이다.

그 주위에는 검은 색의 여인상이 다양한 포즈를 취하고 있다. 이곳은 건폐율보다는 빈자리를 많이 두고 그 자리에 조각 작품을 전시해 놓음으로써 더 많은 관광객들을 끌어 들이는 것으로 보이다.

스칼라 극장 앞의 레오나르도 다 빈치 상.

아케이드 광장의 여인상.

비토리오 에마누엘레 2세 갈레리아.

밀라노 두오모 대성당. 세계에서 네 번째로 큰 두오모 성당이다.

THE HOLY SEE
교황청

바티칸
VATICAN

아비뇽 유수(幽囚)를 마치고 바티칸으로 돌아온 교황 그레고리오 11세^{Papa Gregorio XI, 1370-1378(재위)}는 그해 1377년부터 이곳을 교황궁으로 정했다. 바티칸 궁전은 6세기 교황 심마코^{Papa Simmaco, 498-514(재위)} 때 구 산피에트로^{성 베드로} 대성당의 곁에 교황의 주거관을 건립한 것이 시초이다. 현재는 대부분 바티칸의

미술관, 박물관 등으로 쓰이고 있다. 이곳의 소장품은 역대 교황이 모은 것을 중심으로 고대 그리스 미술품과 조각품이 대부분이다.

바티칸 궁전에 들어가기 위해서는 이른 새벽부터 줄을 서야 했다. 그리고도 3~4시간을 더 기다려 겨우 안으로 들어갈 수 있었다. 궁전에 들어서면 아담한 광장이 펼쳐지는데 앞쪽에 원형의 솔방울 형상 조각품이 놓여 있다.

시스티나 예배당 천정에는 미켈란젤로의 〈최후의 심판〉이 그려져 있었다. 이 그림에는 예수가 있는 쪽은 밝게, 먼 쪽으로 갈수록 어둡게 그려 놓았다. 어두운 부분에서 구원을 받는다는 의미가 담겨 있다. 강을 건너는 쪽은 수문장이 지키고 있다가 지옥으로 보낸다는 의미의 이미지로 원근법을 이용해 공간감을 표현한 작품이다.

미켈란젤로의 시스티나 성당 천장 벽화(설명도) 시스티나 성당 내부

바티칸 정원.

　미켈란젤로는 예순의 나이에도 천정에 매달려 돌가루로 〈천지창조〉를 그렸다. 돌가루 때문에 안질에 걸리기도 했던 열정적인 그림은 짜임새 있고 지금도 변함없이 아름다운 색상을 선보이고 있다. 힘을 바탕으로 한 소재를 주로 그렸던 그는 이탈리아의 과학자이기도 한 레오나르도 다 빈치, 사랑을 주로 표현한 라파엘로와 함께 '이탈리아 3대 천재 예술가'로 평가 받고 있다.
　시스티나 예배당은 115명의 추기경이 모여 교황을 선출하는 장소이기도 하다. 교황이 선출되면 흰 연기를, 부결되면 검은 연기를 피워 투표 상황을 알려 준다. 가장 최근에는 지난 2005년 교황 요한바오로 2세의 선종 후 지금의 교황 베네딕토 16세를 선출하였을 때 흰 연기가 피어올랐다.

로톤다 홀.

라오콘네 상.

FRANCE
프랑스

센 강을 따라 흐르는 예술의 도시, 파리

PARIS

파리에 도착하니 마음이 뭉클해 왔다. 예술의 도시는 어떨까 마음이 들뜨기까지 했다. 한번은 이곳으로 유학 오려고 했던 곳이라 마음에 더 끌렸다. 그런 만큼 파리의 거리를 걷는 모습을 그려 보는 것만으로도 황홀했다.

파리에 도착해서 제일 먼저 찾은 곳이 샹젤리제 거리였다. 많은 사람들이 무엇이 분주한지 바쁘게 걷고 있었다. 개선문과 콩코르드 광장을 연결하는 샹젤리제 거리는 예술 무대의 거리와 상가의 거리로 나뉘어 있다. 상가의 거리에는 개선문이 있다. 파리 개선문은 로마에서 유래한 것으로, 승리한 장수가 이 문을 통과하며 금의환향하는 의식을 거행하기 위해 만든 건축물이다. 1806년 나폴레옹이 개선문을 만들라 해 놓고 정작 자신은 1840년 유해가 되어 이곳을 통과했다. 이 개선문을 중심으로 관광객들이 모여 나폴레옹을 생각하면서 사진도 찍고 담소를 나누곤 한다.

파리 도심의 건물은 돌로 되어 있어서 아름다움을 줄만한 색은 거의 없었다. 그러나 넓은 인도와 사각형으로 다듬어진 플라타너스가 거리의 분위기를 한껏 돋워 주었다. 도시의 디자인에서 넘쳐나는 아름다움을 이 가로수가 맡아 하고 있는 셈이다. 초록의 기운은 우중충한 아스팔트와 건물 색에 조화를 불어 넣어 수채화인 듯 부드러워 보였다. 무채색에 초록이라, 정말로 사람의 눈을 편안하게 해 주고 마음까지 초록으로 채색해 놓으니 파리 예술의 기를 다 마신 듯 찬란해 왔다. 정리된 초록빛이 파리를 활기차게 만들고 있었다.

　상점에서 내 놓은 물건이 없어 인도는 다니기에 불편함이 없고, 도로는 불법 주차를 해 놓은 차가 없어 거리가 정말 넓어 보였다. 불법 주차는 도시의 거리를 지저분하게 하고 지나가는 사람을 더욱 덥고 짜증스럽게 만든다. 파리의 거리에서는 그런 느낌이 들지 않았다. 그래서 파리를 예술의 도시라고 하는 모양이다.

파리의 거리에 사각형으로 다듬어진 플라타너스가 이채롭다.

이곳 주위에는 음악당이 많았다. 이렇게 많은 공연장에서 공연하는 사람도 많겠지만 공연을 보러오는 사람이 그렇게 많을까. 일 년에 한 번도 제대로 공연장에 가보지 못하는데, 이렇게 많은 공간을 채워 줄 사람이 그래도 이곳 파리에는 있는 모양이다.

파리에서 관심이 가는 곳은 루브르 박물관이다. 왕궁이었던 루브르는 프랑스 공화정에 의해 1793년에 박물관으로 되었다. 이 박물관은 40만 점의 예술품을 소장한 유럽 최고의 박물관이다. 작품은 이집트 유적에서부터 19세기 말 서구의 미술품에 이르기까지 다양하게 전시되어 있다.

오페라 가르니에(Opéra Garnier). 파리 오페라 광장(Place de l'Opéra)에 있는 유서 깊은 극장 건물이다. 오페라(Opéra) 역 근처 스크리브 거리(Rue Scribe)에 있다. 파리 국립 오페라단(Opéra National de Paris)의 주요 공연 무대이다. 프랑스 건축가 가르니에(Charles Garnier, 1825~1898)가 전체적인 설계를 맡았기 때문에 '오페라 가르니에(Opéra Garnier)'로 불린다. 문화재로 지정되어 있다.

↗→ 루브르 박물관.

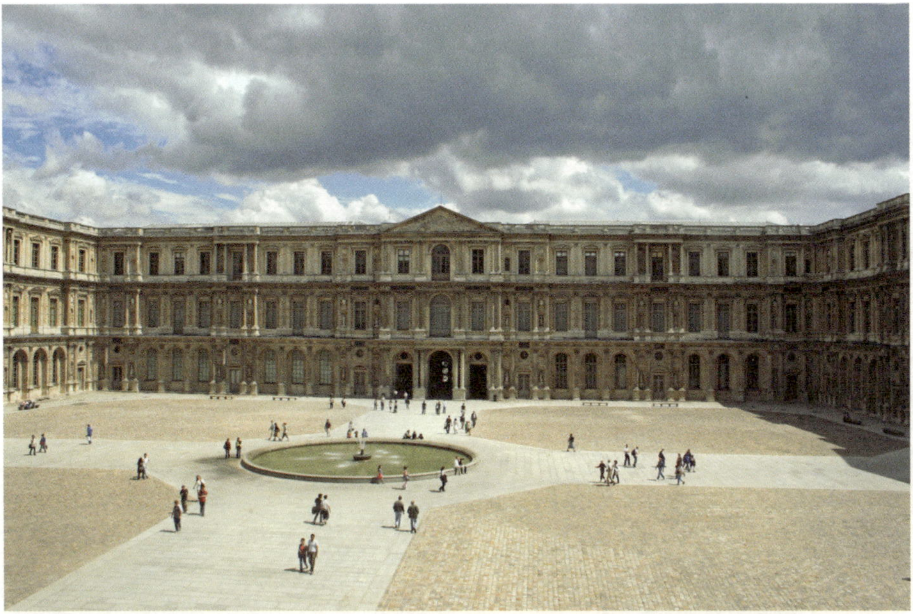

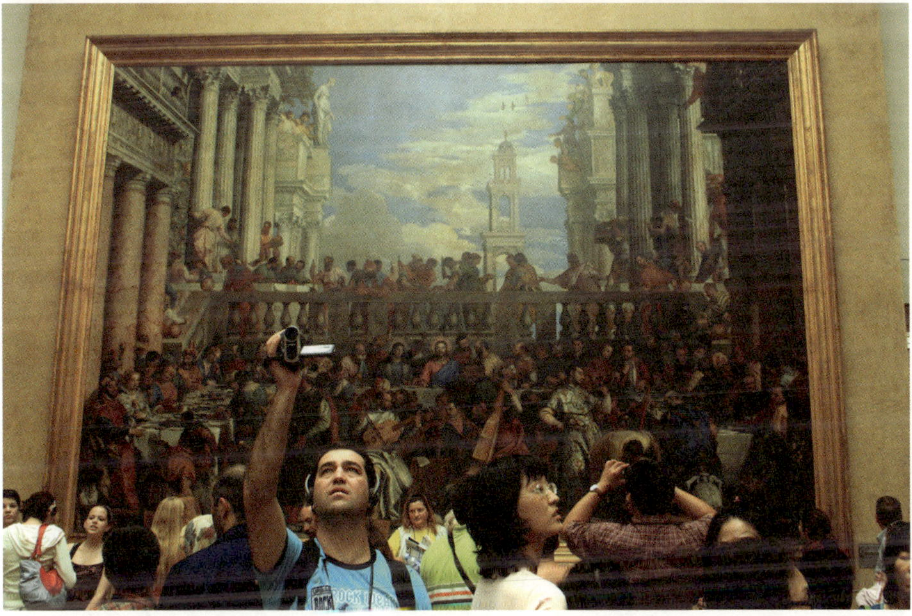

루브르 박물관 소장품들. (왼쪽부터)
스핑크스(Grand sphinx) _ 고대 이집트 유적, 축소 모형.
사모트라케의 니케(Victoire de Samothrace) _ 고대 그리스 유물.
모나리자(La Joconde, portrait de Monna Lisa) _ 레오나르도 다 빈치(Leonardo da Vinci).
아모르의 키스에 소생하는 프시케(Psyché ranimée par le baiser de l'Amour) _ 안토니오 카노바(Antonio Canova).

파리에서 가장 붐비는 곳을 찾으라면 단연 에펠탑이다. 프랑스혁명 100주년인 1889년 에펠이 세운 3층탑^{300m}으로 시내에 우뚝 솟아 있다. 파리를 찾은 사람이면 누구나 한 번쯤은 탑의 3층까지 올라가 파리 시내를 내려다보았을 것이다. 어찌나 한국 사람이 많이 모여드는 곳인지 여기저기서 한국말로,

"소매치기가 가방을 노리고 있으니 조심하세요."

하는 소리가 들려왔다. 다시 한 번 카메라 가방이 어깨에 메어 있는지 확인하고 엘리베이터를 탔다. 3층에서 내려다 본 파리는 시내 중심으로 흐르는

센 강의 유람선에서 바라본 에펠탑.

센^{Seine} 강과 나지막한 건물, 지선으로 시원스럽게 뻗은 도로가 밑에서 본 아기자기한 거리와 다르지 않았다.

 센 강을 따라 흐르는 유람선에 올랐다. 승선한 관광객들은 강을 따라 펼쳐지는 색다른 풍경에 연방 환호성이다.

 다리 난간에 붙여 놓은 조각품, 어디서나 잘 보이는 에펠탑, 다른 쪽에는 나폴레옹 거리, 그리고 흔들거리는 선상에서 강줄기를 가르며 보는 맛은 파리 여행의 감흥을 한층 더 고조시켜 주었다.

UNITED KINGDOM

영국

런던, 워털루의 추억

파리 리옹 역에서 영국으로 입국하기 위해서 간단한 수속을 마친 다음 유로스타 Eurostar. 영국-프랑스-벨기에를 연결하는 고속열차를 타고 암흑의 해저터널 Channel Tunnel(영), Le tunnel sous la Manche(불)을 달렸다. 불편한 의자이지만 깜박 조는 사이 끝이 보이지 않을 것 같던 터널을 벗어나 영국에 들어섰다.

야산같은 푸른 언덕이 나타나기 시작했다. 프랑스에서 보던 것보다 좀 높은 구릉지에는 초지가 가꾸어져 있었다. 오후 7시인데도 아직 해는 높이 걸려 있었다. 파리에서 출발해 제일 먼저 도착한 곳은 에시포드 Ashford Int'l 역이었다. 역 주위로 가옥 몇 채가 보였고, 승객 몇몇이 여기서 내렸다.

런던의 워털루 Waterloo 역에 도착했다. 너무나 많은 사람이 한꺼번에 내려 일행과 떨어지지 않으려고 서로 바짝 붙어 에스컬레이터를 타고 역사 밖으로 빠져나왔다.

아직 우리 일행을 태울 버스가 도착하지 않았다. 우리는 잠깐 화장실에 다녀오기로 했다. 이것이 실수였다. 런던의 공중화장실은 유료인 데다가 파운드화를 지불해야 했다. 프랑스와 이웃 나라이니 화장실 사용료쯤은 유로화를 받을 줄 알았는데 이곳에서는 아무 쓸모가 없었다. 참으로 당황스러웠다. 가진 거라고는 유로화 동전 몇 푼이 고작인데…… 환전수에서도 유로화 동전은 환전이 되지 않았다.

영국 국회의사당(↑)과 타워브리지(Tower Bridge).

다시 화장실로 가서 사정을 이야기하고 무료로 화장실에서 볼일을 보고 돌아오려 하니 거기가 거기 같아 보였다. 이리저리 왔다갔다하다보니 길을 잃고 말았다.

해는 저물어 가고 어디선가 경찰차의 사이렌 소리가 들려왔다. 그러더니 가는 길을 가로막고 바리케이드를 치기 시작했다.

"왜 앞길을 막습니까?"

하고 물어도 대꾸도 하지 않고 차에서 매트리스를 꺼내 바닥에 펼쳐 놓는다. 그리고 방송을 하기 시작한다.

"자살하려는 사람이 역사 위에 있어 길을 통제하니 바리케이드 밖으로 나가 주시오."

역사 꼭대기 난간에는 윗옷을 벗어부친 젊은 청년이 자살하겠다고 뛰어내릴 태세였다. 경찰은 설득하고 청년은 고함을 지르며 자기의 처지를 장황하게 늘어놓았다. 순식간에 군중이 모여들었다. 길 잃은 것도 잊고 한참 동안을 지켜보았다.

'이 나라에도 살기 힘든 사람이 있는 모양이구나.'

하고 뇌이면서 이곳을 빠져 나왔다. 땅거미가 내리면서 가로등이 하나둘 켜지기 시작했다. 이젠 그곳의 상황이 너무 바뀌어 길 찾기가 쉽지 않았다. 아래층인지 위층인지도 헷갈려 알 수가 없었다.

다행히 여행일정표를 가지고 있어 거기에 적힌 가이드 전화번호와 묵을 호텔 이름을 따라 그곳으로 찾아가기로 했다. 런던 아이$^{London\ Eye}$ 뒤편에는 이미 해가 졌고 구름 사이로 물들인 저녁노을이 가던 길을 멈추게 했다. 카메라를 꺼내 두어 컷 찍고 다시 바삐 호텔을 찾아 발길을 재촉했다. 거리에는 인적이 뜸했다. 길바닥이 돌로 된 넓은 거리였다. 가로수는 껴안아도 품 안에 들어오지 않을 정도의 아름드리 플라타너스가 줄지어 서 있었다. 그 사이를 거니는 중년 신사에게 호텔이 어디 있는가를 물었다. 다행히 그곳에서 멀지 않은 곳이었다. 여러 호텔을 지나 눈이 동그래질 정도로 으리으리해 보이는 호텔에 들어섰다.
　'이 호텔에서 우리가 머무는 모양이구나.'
하면서 프런트로 가 우리 일행을 찾았다. 그러나 그런 사람이 없다며 다른 호텔에 가보라고 했다. 일정표를 보여 주고 이곳이 맞지 않냐고 물어도,
　"호텔이름은 맞습니다. 그런데 잘 모르겠습니다."
하고 이상하다는 표정이었다. 가이드에게 전화를 하고 싶다고 했다. 고급 호텔이니 유로화로도 전화가 가능할 줄 알았다. 하지만 워털루 역에서와 마찬가지로 유로화로는 전화를 걸 수 없었다. 프런트 안내원에게 파운드화로 바꿔 달라고 부탁해 보았지만 그것도 역에서와 마찬가지로 지폐만 가능하다고 했다. 일행과 떨어질 줄 몰라 돈을 챙기지 않았던 것이 이렇게 복잡한 상황을 만들어갈 줄 몰랐다.
　하는 수 없이 전화 좀 빌려 쓰자고 했다. 좀 난감해 하길래 전후사정을 말했더니 그때서야 전화기를 내 주었다. 가이드에게 전화를 걸어 서로 만나 버스를 타고 두어 시간 가까이 가서야 같은 이름의 다른 호텔에 도착해 겨우 여장을 풀 수 있었다.
　버킹엄 궁전, 대영박물관, 타워브리지, 국회의사당, 웨스트민스터 사원을 관광하는 동안 초조와 불안으로 기다렸을 일행들의 생각에 나머지 여행일정동안 그들의 얼굴을 똑바로 쳐다볼 수가 없었다.
　지금도 그때 일을 생각하면 웃음이 절로 나온다.
　'왜 하필 그때 화장실에 가야 했나, 왜 하필 그때 자살 소동이 벌어져 그 주위의 도로 상황이 바뀌었나, 유럽의 공중화장실 대부분이 유료인줄 알면서 왜 파운드화를 준비하지 않았나.'를 생각하면 어이없어 헛웃음이 나온다.
　그때 사오십 분 정도 역 주변에서 나를 기다려 준 일행들에게 하루를 빚지고 말았다. 그리고 실수는 나에게도 찾아온다는 것을 새삼 깨달았다.

웨스트민스터 사원(Westminster Abbey).

런던 아이(London Eye). 템즈 강변에 위치한 대관람차. 영국의 〈선데이 타임즈(Sunday Times)〉지가 새천년의 상징물에 대한 아이디어를 공모했으나 공모전 자체가 취소되었다. 런던 아이를 공모한 어느 부부는 이를 만들기 위해 회사를 설립하기에 이른다. 이 소식이 알려지면서 영국의 항공사 브리티시 에어웨이즈(British Airways)가 이들 부부와 함께 뜻을 모아 1999년에 런던 아이를 세움으로서 또 하나의 영국 명물이 되었다. 135m 높이로 세계에서 가장 높은 대관람차이다.

버킹엄 궁전(Buckingham Palace).
대영박물관(The British Museum).

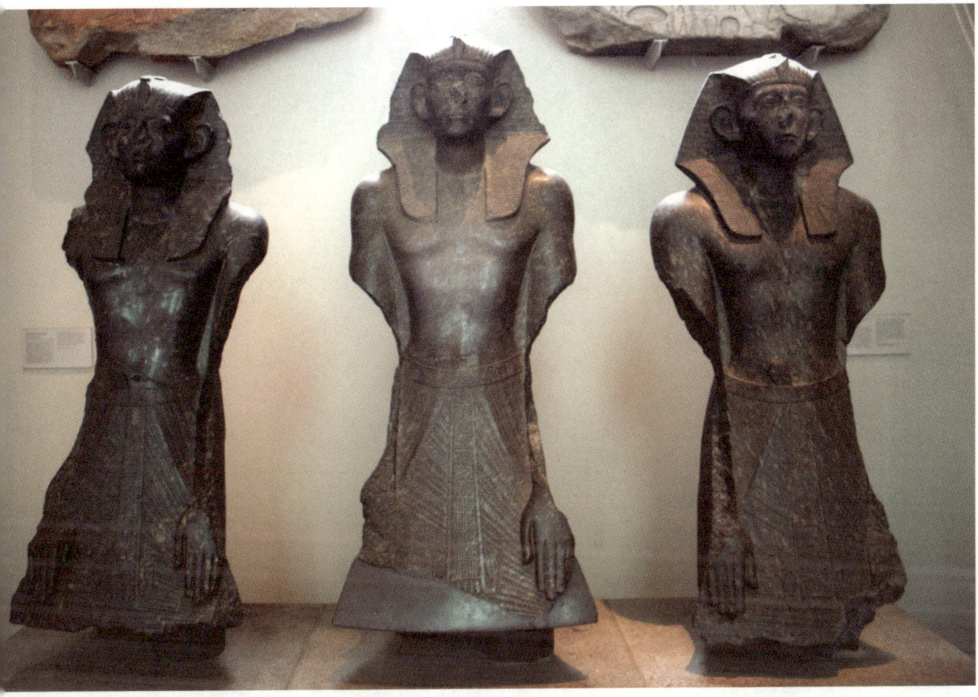

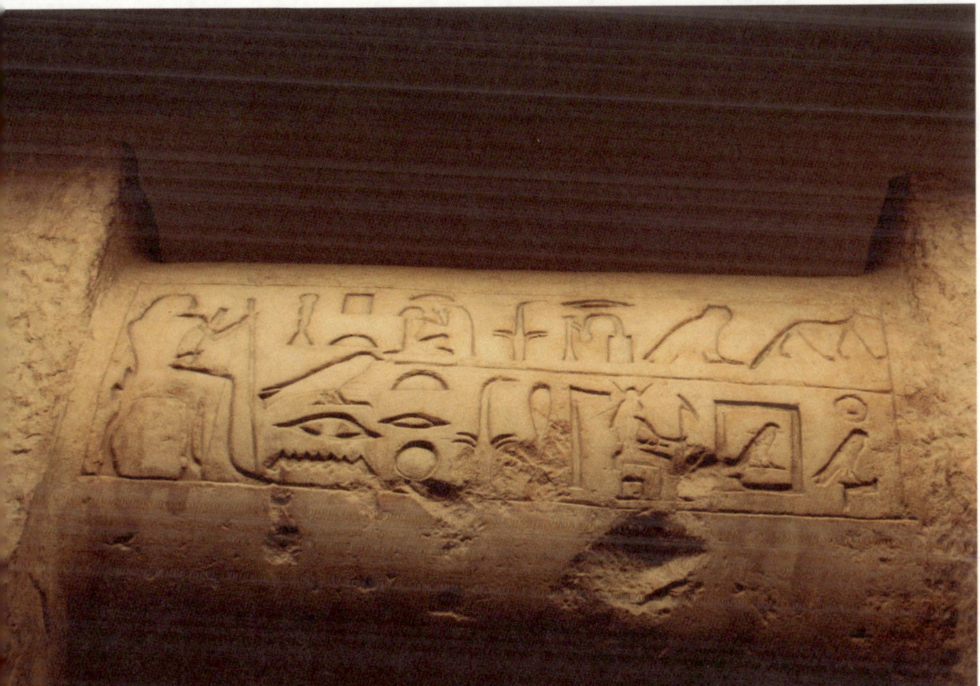

피요르드 가는 길

　노르웨이는 자연이 아름다운 나라이다. 한쪽 길은 '거리가 잘 정리되었으니 보아 달라.'며 앞으로 다가와 소란을 피우는 파란 산 언저리가 있고, 반대쪽에는 여유롭게 흐르는 피요르드fjord. 빙하의 침식으로 만들어진 골짜기에 빙하가 없어진 후 바닷물이 들어와서 생긴 좁고 긴 만의 파아란 물이 있어 푸근했다.
　가슴앓이로 쌓였던 묵은 상념의 찌꺼기들은 푸른 산이 가져가고, 그 흔적들은 투명한 물이 씻어 주었다. 피요르드의 맑은 물 속으로 연어들이 쉬엄쉬엄 이곳저곳을 떠 노닌다. 겨울이 되면 그 속에 사는 연어들을 추위에서 보호하려는 듯 얼음으로 한 겹도 모자라 두겹 세겹 덮어 준다. 그래서인지 바쁜 것도 없고 그렇다고 느릴 것도 없이 그냥 푸근하게 되는대로 살아도 되는 듯 바람까지 느릿느릿 나의 볼을 씻어 간다.
　긴 겨울 동안을 지내오면서 풀이며 나무들이 오랫동안 휴식의 시간을 가져서인지 고요의 사색을 하고 있다. 가끔 지나가는 사람들이 바람을 일으키며 줄달음질 처도 짜증을 내지 않는다. 도리어 거리의 꽃들이며 나무이파리들이 손짓을 하며 해맑은 웃음을 짓는다. 거리에는 신선한 공기가 넘쳐나고 향기 먹은 이슬이 나뭇잎에 매달려 오고가는 모든 이들에게 아름다움을 골고루 나누어 준다. 살기 좋은 나라라는 것이 무엇인가를 새삼 느끼게 한다.
　나무들이 어떤 일을 하고 있는지 구경하러 모여드는 사람으로 노르웨이 거리마다 관광버스가 즐비했다.

　풀과 나무들은 사람을 그다지 좋아하지 않는 모양이다. 대개 푸르고 풋풋한 향기가 나는 나라는 인구밀도가 낮은 것만을 보아도 그렇다. 이런 길을 달리다 보면 산 정상에는 하얀 눈이 가득 쌓여 있다. 그 밑에서 흘러나오는 물은 작은 폭포에서 귀엽게 떨어지는 곳도 있고, 무시무시할 정도로 까마득한 절벽 위에서 떨어지는 장면도 있다. 모두가 장관이다.

　산을 오르고 또 올라 하늘 제일 가까운 곳에 다다르면 봄 여름 가을 겨울, 사계절 내내 녹지 않은 만년설과 만난다. 천혜의 아름다운 자연을 훼손하지 않고 적당히 개발해 놓은 울퉁불퉁한 길이지만 불편하다는 느낌이 들지 않았다. 이곳에 살지 않는 이방인도 낯설지 않다는 생각이 들 정도로 붙임성이 좋은 만년설을 한 움큼 쥐고 피요르드의 시작점에 힘껏 던져 본다.

　도깨비계곡이라 불리는 길을 따라 버스가 곡예를 하듯 능선을 향해 올라갈 때면 가슴이 오싹할 때가 한 두 번이 아니었다. 이런 길에 접어들 때면 장거리 운전에 지친 운전자가 졸기라도 하면 어떻게 하나, 브레이크라도 고장이 나면 큰일 아닌가. 생각하지 않아도 될 오만가지 걱정에 가슴이 아찔해 오기도 했다.

　재에 오르니 발아래로 구름이 깔렸다. 구름 속은 한치 앞도 분간하기 어려웠다. 되돌아갈 길이 걱정이다. 다행히도 산은 그런 근심은 접어두고 재에 무엇이 사는지 봐 달라는 눈치였다. 그곳은 어느 쪽을 가 보아도 이름 모를 땅딸막한 나무와 자라다만 들풀들이 바람에 사정없이 흔들리면서도 지면에 꼭 붙어 살고 있었다. 어떤 풀은 지나가는 바람이 걸려 넘어질까봐 두려운 듯 땅에 납작 엎드려 자기들끼리 속삭이기도 하고, 어떤 들풀은 관광객이 바람을 가려주면 그때서야 잠깐 허리를 펴 하늘을 바라보기도 했다.

　피요르드 가는 길 빼고는 양쪽 가장자리에 우뚝 솟은 산봉우리가 연결되어 있었다.

도깨비계곡. 버스가 곡예를 하듯 능선을 향해 오르는 도깨비계곡의 천길 낭떠러지를 보면 가슴이 오싹해진다.

만년설은 피요르드 뱃길을 만들어 오대양 육대주를 넘나들 수 있도록 했다. 만년설은 가고 싶은 곳 갈 수 있게 길을 시원하게 뚫어 주었다.
바이킹 족의 선견지명이 아름다운 이곳에 둥지를 단단하게 튼 것이 아닌가 하는 생각이 들었다.

피요르드(fjord). 빙하가 만든 협만(峽灣).

노르웨이의 시골 마을

노르웨이의 경치는 은은하다. 푸른 언덕에 꽃이 핀 것과도 같이 지붕이 형형색색으로 수놓은 듯 아름답다.

점심 시간이 다가오자 개인 집에 일행 스물다섯 명 분의 점심 준비를 하게 했다. 그 집은 식당을 하다 손님이 적어 그만두었다고 한다. 여행객이 집으로 전화하면 자기 집에서 음식을 마련하여 대접한다고 했다. 가게세도 없으니 그 비용으로 음식을 더 많이 만들어 제공한단다. 피요르드에서 나오는 신선한 연어의 맛이 일품이니 실컷 먹으라고 한다. 얼마나 많이 주길래 실컷 먹으라고 하는가 궁금했다.

예약한 집에 도착했다. 피요르드의 집은 경사가 45도 정도는 됨직한 곳에 자리 잡고 있었다. 승용차들은 오르내릴 수 있지만 대형 버스는 진입 자체가 어려운 곳이었다. 그곳을 20분쯤 아스팔트 위를 걸어 오르려니 무릎이 아팠다. 9월이면 벌써 눈이 오기 시작하는 이곳은 한겨울에 눈이 쌓인 길을 차로 오르내리기란 쉽지 않아 보였다. 어떤 곳은 길바닥에 열선을 깔아 눈을 녹인다고는 하지만 그게 그리 쉬운 일도 아닐 듯싶었다.

주변을 20여 분 구경하고 나니 점심 시간이 되었다. 기대했던 연어 회며 훈제 요리가 등장했다. 몇 시간을 달려오다 보니 배가 출출했다. 간단한 술과 함께 허기진 배에 연어 요리를 집어넣기에 바빠 맛이 있다느니 없다느니

하는 말조차 없었다. 연어 훈제를 삼키기도 전에 다시 입에 밀어 넣기에 바빴다. 느리게 먹다가는 다른 사람에게 다 빼앗길 것 같은 기분이 들었다. 한 접시 더 주문했다. 실컷 먹으라더니 역시 기분 좋게 더 주었다. 이래가지고 수지가 맞겠냐고 물었더니 여기서는 연어가 채소보다 더 싸다고 했다.

집안에는 텃밭이 없었다. 멀리서 볼 때와는 다르게 집이 고만고만했다. 급경사를 깎아서 만든 좁은 터에 집을 짓다보니 마당이며 텃밭은 하나의 사치와 같았다. 장독대는 대여섯 계단 올라가야 만날 수 있으니 채소를 옳게 심을 수 있는 형편이 아니었다.

농작물이 보이지 않았다. 늦게 찾아오는 봄, 일찍 찾아오는 겨울 때문에 작물을 심기가 어려운 모양이다. 군데군데 목초지가 있고 가끔가다 소가 풀을 뜯어 먹는 것이 보일 뿐이다. 목초는 베어 건초를 만들어 수출한다고 한

다. 청정 지역이니 목초는 나무랄 데 없을 것 같아 보였다. 농약을 뿌리려 해도 뿌릴 사람이 없어 보였다.

러시아나 독일은 벌판이었다. 이탈리아는 논밭의 끝이 보이지 않았다. 날씨 또한 무더웠다. 그와 달리 노르웨이는 벌판은 보이지 않고 이리 돌아봐도 저리 돌아봐도 하늘도 보이지 않을 만큼 높은 산뿐이었다. 여름인데도 시원해서 여행하는 데는 그만이었다. 따로 여행지를 찾아갈 필요가 없어 보였다. 이곳은 찻길 따라 보이는 자연이 우리나라와는 전혀 색다른 풍경 그대로였다. 우리의 산은 아기자기하면서 따뜻하게 맞이해 주는 느낌이라면 이곳은 차가운 느낌을 주는 우람한 산이었다.

도시와 도시를 잇는 길, 피요르드가 있어 운치 있어 보이지만 겨울 동안 피요르드가 얼어붙으면 쇄빙선으로 얼음을 깨 가면서 나들이하는 것이 쉽지만 않을 것 같았다. 그림 같이 보이던 피요르드 언덕의 집, 평화로워 보이던 집, 그 환상이 현실로 돌아와서 보니 살기가 쉽지 않겠구나하는 생각에 이르렀다.

적당한 높이의 산과 들판이 펼쳐져 있는 곳에 나지막한 나의 보금자리가 그래도 화려해 보였다. 가끔은 오가는 자동차 소리, 그리고 매연에 시달릴 때도 있지만 그래도 내 집이 좋다는 생각이 들었다.

중세와 공존하는 현대, 베르겐
BERGEN

베르겐은 노르웨이의 제2대 도시로 1799년까지 수도였다. 인구는 23만여 명으로 베르겐만이 가지는 그림 같은 낭만의 도시를 만들었다. 베르겐 항구는 바다를 잇는 관문의 역할을 하고, 그리그$^{Grieg, Edvard Hagerup, 1843-1907}$의 고향인 이곳에서 세계적인 연주자와 악단이 참여하는 '베르겐 음악제'가 열리는 예술의 도시로도 유명하다.

유네스코 세계문화유산으로 등록된 중세 가옥과 1498년부터 오늘날까지 열리고 있는 어시장이 유명하다. 시장에서 먹는 게장 맛은 일품이다. 이 맛난 게장이 담긴 조그마한 캔을 하나 사 집에 와서 먹어보니 그때만큼 맛이 나지 않았다. 아마도 중세 건물 앞에서, 싱싱한 활력으로 찬 베르겐 항구의 맛과 함께 해서 그런지 가공한 맛이 혀끝에 더 진하게 다가왔다. 그래도 그때 게장을 산 것은 게장의 맛만을 산 것이 아니라 베르겐을 둘러싸고 있는 산수와 문화유산이 될 수 있을 정도의 장구한 역사를 함께 산 것이다. 이런 마음으로 게장의 맛을 가다듬어 보니 그 참맛이 되살아났다.

베르겐 인구의 3분의 1은 외국인이 아니면 관광객이다. 주택은 산 위쪽으로 갈수록 아래쪽 주택가격보다 최고 5배 정도 더 비싸다. 아마 조망권을 우선시하는 사람들의 마음 때문일 것이다.

베르겐 항에는 600~700척의 배가 징박할 정도로 큰 항구다. 배를 타고 먼

중세의 모습을 간직한 베르겐.

바다로 나갈 수 있었던 이곳은 문명의 여닫이문이 되어 중세의 것도 현재의 것도 오고 갈 수 있는 숨구멍의 역할을 하고 있다.

먹을거리가 없을 때 바다는 물고기며 해조류를 아낌없이 준다. 바다는 나뭇조각으로 직접 조각배를 만들어 고기를 잡아 생계를 유지할 수 있어 좋다. 이에 비해 육지는 한참을 가꾸고 나서야 얼마인지를 모르지만 그 대가가 얻어진다.

베르겐 항구 뒤에 있는 플뢰엔Floyen 산을 플로이벤Floibanen, 이곳에 있는 케이블카 이름으로 오르면 베르겐 항구와 시내에 바닷가며 호숫가에 사람들이 옹기종기 모여 사는 모습을 내려다볼 수 있다. 많은 사람들이 이곳에 몰려 사는 것은 물도 있고 물길도 있어 살기 좋고 편해서 그랬던 모양이다.

베르겐 항구의 젓갈 시장. 우리나라처럼 이곳 사람들도 해산물로 젓갈을 담가 먹는다.

　강이나 바다는 사람들이 해치지만 않는다면 당장에라도 필요로 한 것을 기꺼이 다 내어 준다. 아마 그런 것을 보여 주러 이곳까지 케이블카를 타고 오도록 한 것인지도 모른다. 앞이 확 트여 전망이 좋기는 하지만 그 전망을 가리지 않는 적당히 나지막한 건물들, 튀지 않는 색깔, 중세의 가옥과 어우러진 생활 풍습의 맥을 이어온 영혼들, 그것이 오늘의 베르겐을 만들고 있다. 이것을 보기 위해 사람들은 이곳에 오는 것이다.

　시내 구경을 하고 있는 동안 악사들의 노래가 우렁차게 울려 퍼진다. 악사들은 나이가 들어 보이지만 악기에서 터져 나오는 강렬한 음의 파동은 베르겐 시내를 환상의 선율에 빠져들게 한다.

　중세의 맥을 고스란히 남아 온 집은 11채이다. 이들 집은 중세 사람들이

베르겐 항구 전경.

어떤 집에서 살았는지를 잘 보여 준다. 그래서 이들 가옥은 젓갈 파는 중세 시장과 함께 유네스코에서 지정한 세계문화유산 가운데 하나가 되었다. 중세의 집과 집 사이는 나무 바닥으로, 2층과 2층은 나무 구름다리를 놓아 옮겨 다닐 수 있게 했다. 1층은 기념품 상회 등의 상점으로, 2층은 식당으로 되어 있다. 그 위층은 중세에는 혼자 사는 남자들을 위한 주거 공간이었으나 지금은 비어 있다.

브릭스달 빙하

브릭스달^{Briksdals} 빙하 줄기에 가기 위해서 한 칸에 6명이 탈 수 있는 특수 자동차를 타고 시속 6~9킬로미터 속도로 경사지를 올라갔다. 빙하가 있는 계곡까지 많은 시간이 걸렸다. 비포장도로를 달리는 엉덩이의 아픔쯤은 그러려니하지만 폭포를 지날 때는 빙하의 물을 피하기 위해서라도 담요를 뒤집어 써야 했다. 산 정상에서 비스듬히 내리쬐는 빛살과 폭포의 물안개가 한데 어우러져 환상의 무지개 가교를 만드는 길도 거쳐 갔다. 무지개는 꾸불꾸불한 길의 방향에 따라 천의 얼굴을 하고 있었다. 무지개는 50도 이상의 경사 길을 오르는 아찔함과 함께 무지개는 황홀한 빛으로 마음을 흥분시켰다.

한 여름의 빙하, 그걸 보러간다는 것은 그리 녹록한 일이 아니다. 빙하가 만든 물줄기, 그 물줄기가 폭포가 될 때 추위에 떨어야 하는 사람의 변덕, 사람의 흔들리는 마음을 무엇으로 설명할 수 있을까. 하여튼 계속 올라갔다.

피요르드의 출발이 되는 폭포며 물줄기가 나타나기 시작했다. 그리고 멀리에서는 푸른빛의 빙하가 보였다. 산 계곡에는 푸른빛의 빙하가 흐르다 멈춰 선 듯 굳어 있었다.

푸른 빙하!

푸른색이 그렇게 화려한 것을 그 어디에서도 보지 못했다. 드러내지 않고

브릭스달(Briksdals)의 푸른 빙하. 이곳에서 빙하 트레킹을 할 수 있다.

공격적이지 않아 평화의 상징인 푸른색이라 하던 것이 이다지도 사람의 마음을 흔들어 놓는단 말인가. 이때만은 평화를 상징하는 색이 아니라 사람의 마음을 파헤쳐 놓는 유혹의 색이었다.

  그런데 이 매혹적인 푸른색이 빙하의 색이 아니라 빙하에서 사는 이끼가 만들어낸 색이란다. 빙하에 홀린 빛의 굴절이 아니라 사람을 유혹하기 위해 이끼가 만든 찬란한 색깔, 그렇다 치더라도 이끼는 그 표현능력이 대단하다. 빙하를 이용해 자기의 아름다움을 표현하는 방법, 복잡한 사회 속에서 그 사회를 내 스스로 단순화시키고 그곳에 은은한 빛깔도 넣고 청순하면서도 상큼한 빛깔을 발하며 사는 방법이 있겠구나 하는 것을 배운다.

  보기에는 고요하고 평화로워 보이는 빙하지만 그 정상은 빙하 부근과 그 상층 부분의 기온 차이로 회오리바람이 일기도 한다.

  빙하는 여름 동안 서서히 녹아 피요르드로 흘러내린다.

  아마 이곳 사람들도 9월이 되면 찾아오는 추위에 방 안에 장작불을 피워 놓고 긴긴 밤을 지새울 거라 생각하니 마음이 아찔해 온다.

→쵸스 폭포 (Kjosfossen)의 요정 훌드라(Huldrene). 훌드라는 노르웨이와 스웨덴에 전설로 전해오는 숲속에 사는 요정이다. 이 요정의 모습은 노르웨이에서는 소 꼬리를, 스웨덴에서는 여우 꼬리를 가지고 있다고 전해진다. 평상시에는 매우 추한 모습이지만 숲을 지나는 사람 중에 마음에 드는 청년이 나타나면 아름답고 우하한 모습으로 나타나 결혼을 하자고 유혹한다. 하지만 청년이 그의 꼬리를 보고 놀라거나, 외모에 관해 이야기 하거나, 청혼을 거절하면 그자리에서 잡아먹거나 혼을 빼놓고 마을로 돌려보낸다고 한다.

Russia

라시아

상트페테르부르크에 발을 딛다
SANKT PETERBURG

상트페테르부르크가 어떻게 펼쳐질지 많이 궁금했다. 이런 궁금증 때문에 비싼 경비를 지불하면서까지 이곳 러시아까지 온 것이 아닌가 싶다. 또한 이런 궁금증은 마음을 설레게 한다. 여행은 마음의 설렘을 지워 주고 새로운 설렘을 만들어 간다.

큰 땅덩어리를 가진 러시아에는 어떤 문화가 있을까. 이곳에 오면서 보아도 와서 보아도 몽골에 200년간이나 지배를 받았다는 것이 의아했다. 참으로 궁금했다.

상트페테르부르크는 글이나 이미지로 그 느낌을 표현하기란 거의 불가능했다. 그럴 정도로 상트페테르부르크는 수도를 모스크바로 옮기기 전까지 러시아의 심장부였다. 러시아 왕조가 이룩해 놓은 역사의 숨결이 느껴지는 곳이다. 모두가 다 잘살게 하겠다는 공산국가의 심장부가 근현대의 물결에도 고스란히 보존되고 있었다. 이 도시의 대부분이 박물관이고 역사의 산물이 전시된 산 교육장이었다.

이 역사의 산물은 관광객을 얼마나 많이 모여들게 하는지 겨울궁전이며 여름궁전에 입장하려면 한두 시간은 줄을 서야 했다. 겨울궁전은 사람을 피해 한쪽 벽면 전시품만을 흘려 보며 지나치는 데도 하루가 걸렸다. 그러다보니 작품도 작품이려니와 사람이 너무 많다는 것만이 머릿속에 남아 있다.

게다가 서유럽의 박물관이나 미술관에서와 같이 자유롭게 사진을 찍을 수 있는 것도 아니어서 눈에 머리에 일부 담아온 것을 기억력의 힘을 빌려 회상할 정도다. 고목나무 가지에 매달린 이파리처럼 곧 없어질 기억들이다. 작품의 이름조차 낯선 외국말이니 작품이 어떠하다는 것을 기억하기란 사실 불가능에 가까웠다.

상트페테르부르크를 보니 왜 여행을 해야 하는지 분명한 이유를 말할 수 있을 것 같다. 여행은 '일상생활에서 본의 아니게 쌓인 무거운 짐을 훌훌 벗어 던져버리고 양어깨에 팔 대신 날개를 달고 날아가는 것이구나.' 하는 생각이 들었다. 여행에 대한 설렘은 항상 미래에 대한 활력소가 되고, 내일을 기다려지게 만든다.

생각은 경험의 바탕 위에서 만들어지는 삶의 계획이다. 계획이 옳게 만들어지려면 경험을 많이 해야 한다. 경험을 많이 하려면 많은 모험을 해야 한다. 이 모험 중에 하나가 미지 세계로의 여행이다. 여행지를 선정하고 이를 계획하고 떠나는 과정이 다 자기 경험으로 쌓이게 된다. 이 축적은 내 자신을 살찌운다.

기내 화면에는 비행기가 가고 있는지 정지해 있는지 착각할 정도로 우랄산맥 표시만 보였다. 북유럽을 간다는 것은 러시아 영공을 비행하는 것이나 다름없다. 그 만큼 러시아는 넓고 큰 나라였다.

그런데 이렇게 큰 나라가 어떻게 유지되고 어떻게 같은 언어를 사용할 수 있는지 궁금했다. 우리나라는 작은 땅덩어리에서 경상도니 전라도니 충청도니 하며 각각 다른 억양과 사투리로 알아듣고 이해기가 힘들었던 시절이 있었다. 이 큰 나라에서 언어 소통이 잘 되는 것을 보니 신기하기도 했다. 언어는 정치·경제·사회·문화 전반을 하나로 묶는 역할을 하는 것이라 볼 때 러시아는 그만큼 사회 통합이 잘 된 국가라 할 수 있다. 이러한 사실은 상트페테르부르크에 도착해서야 조금은 이해할 것도 같았다.

이곳 아파트 형식은 ㅁ자 형태로 이웃집은 벽이 서로 붙어 있었다. 이 모든 것은 추워서 생긴 주거 형태이다. 모두가 옛날 건물 그대로였다. 그런데 재건축이라는 말이 없다. 아직 그대로 건재한 것이 아주 튼튼했다. 하나하나가 튼튼한 것을 보면 문화도 언어도 교육도 다른 것도 마찬가지로 튼튼할 게 분명했다.

재건축은 역사를 허무는 일이다. 역사는 옛것이 현재의 것과 공존할 때가 능한 것이다. 우리는 재건축 또는 재개발이라는 명목으로 옛것은 부숴 없애고 새것을 짓는다. 그러면 역사적 산물인 옛것은 어디서 찾을 것인가. 우리 나라를 찾은 관광객은 무엇을 보러 올 것인가, 자기 나라에는 더 가치가 있는 옛 건축물들이 즐비한데. 우리는 폐교된 초등학교를 내팽개쳐 스스로 무

순양함 오로라호. 상트페테르부르크 네바 강에 정박해 있는 오로라호는 1917년 러시아 사회주의 혁명(프롤레타리아 혁명)의 시작을 알렸다. 제1차 러시아 혁명을 배경으로 한 세르게이 에이젠슈타인의 영화 〈전함 뽀쫌킨(Броненосец «Потёмкин»)〉이 떠오른다.

너지게 하고 있다. 이곳에 마을의 역사, 졸업생들의 발자취를 담아 조그만 역사관, 박물관을 만들면 어떨까 생각해 본다.

상트페테르부르크는 보수하는 것을 제외하고는 부수고 새로 짓는 그런 현장이 보이지 않았다. 과거와 현재가 공존하고 있었다. 그래서인지 역사가 살아 있어 보였다. 식당도 호텔도 많이 불편했다. 그렇지만 옛사람이 살던 문화를 체험할 수 있는 것이야말로 진정 여행의 즐거움이 아닌가. 상트페테르부르크는 많은 관광객으로 인산인해를 이루었다. 그것이 경제력이 되고, 이것이 곧 국력임을 금방 알 수 있었다.

이 도시에서 빼놓을 수 없는 것은 에르미타주$^{Gosudarstvenmyj\ Ermitazh}$ 미술관이다. 이 박물관은 네바^{Neva} 강을 향해 있으며, 파리의 루브르 박물관이나 런던의 대영박물관과 비견된다. 이 박물관은 겨울궁전, 소에르미타주, 구에르미타주, 에르미타주 극장, 신에르미타주 등 다섯 건물로 이루어져 있으며, 소장품은 250만 점을 넘는다고 한다.

네프스키 대로에 있는 카잔 성당은 반원형의 회랑이 있는 금빛 성당으로 1811년에 바티칸의 산피에트로 성당을 모방해 지었다. 지금은 러시아 과학 아카데미의 종교박물관으로 사용되고 있으며, 고대 그리스의 종교, 기독교의 기원, 교황 제도의 역사, 종교재판 등에 관한 많은 자료를 간직하고 있다.

여름궁전은 상트페테르부르크 최초의 석조 건축물로 1714년에 지은 것이다. 이것은 18세기 초엽 건축의 기념비적인 작품으로서 평가되고 있다. 현재는 박물관으로 사용되나 원래는 표트르 대제의 여름 별장으로 만들어졌으며, 2층은 예카테리나 여제의 거실로 관광객들의 관심이 큰 곳이다.

러시아는 역사를 존중하는 나라 같았다. 그것이 좋은 것이건 나쁜 것이건 따지지 않았다.

과거의 치욕도 하나의 자기 역사임에 틀림이 없다. 살 보존하고 그 치욕이 왜 우리 역사 속에 담겨졌는지를 배워야 한다. 그리고 치욕의 역사도 인

정해야 한다. 치욕이라고 역사에서 지워버리려 해도 치욕은 과거의 사실로 엄존해 있다. 조선총독부 건물이 없어졌다고 해서 우리 민족이 수탈당했던 일제강점기의 치욕이 지워지는 것은 아니다. 그 수탈의 총본산지에 우리나라 행정부가 있었다는 것도 떨칠 수 없는 역사적 사실이다.

  이 건물을 없앰으로 해서 관광자원 하나가 없어진 꼴이 되었고, 교육 자료 하나가 없어진 셈이다. 일본의 수탈 현장에 와서 마음을 다시 다잡아갈 장소가 없어졌고 조선왕조를 말살하고 우리 민족혼을 빼앗아 가려고 어떻게 했는지 알 수 있는 현장도 없어졌다. 오래지 않은 역사적 사실을 이젠 사진이나 글에 의존해 접하게 되고, 국권상실의 울분은 각자의 머릿속 상상에 맡겨야할 형편이 되었다.

카산 내싱당. 로마의 산피에트로 대성당음 본따 지은 러시아 정교회 성당이다. 카잔은 몽골이 이 지역을 다스릴 딩시 킵치크 한국과 카잔 한국의 수도였다. 카잔 대성당의 이름은 이곳에서 발견된 이콘(icon), 곧 〈카잔의 선모마리아 상〉과 관련이 있다.

그리스도 부활 성당(피의 성당). 러시아의 농노제를 폐지한, 일명 해방황제(解放皇帝)로 불린 알렉산드르 2세(재위: 1855-1881)가 암살 당하자 황위를 이어받은 알렉산드르 3세(1881-1894)가 선대황제가 피를 흘린 바로 그 자리에 성당을 지을 것을 명하였다. 1883년에 시작한 공사는 25년만인 1907년, 손자 니콜라이 2세(1894-1917) 때 완공되었다.
암살당한 선대 황제의 부활을 기리는 의미에서 '그리스도 부활 성당'으로 이름 붙였지만 '피의 성당'이란 별칭을 더 많이 부르고 있다.

여름궁전의 계단 분수대와 궁전 박물관.

크라스나야, 모스크바

크렘린^{Kremlin}에서 가장 아름다운 건축물의 대부분은 러시아 정교회 사원이다. 대표적인 건축물은 대부분 러시아 황실과 관계된 곳으로 우스펜스키 성당, 아르헹겔리스키 성당과 블라고베르첸스키 사원이다. 우스펜스키 성당은 황제의 대관식이 거행되었던 곳이고, 아르헹겔리스키 성당은 황실의 무덤이 있는 곳이다. 또한 블라고베르첸스키 사원은 황실 예배당으로 쓰였다.

크렘린 궁전 북동쪽에는 붉은 광장^{Krasnaya Ploshchad}이 있다. 러시아어로 '아름다운 광장'이라는 뜻이다. '붉은 광장'이라는 이름은 혁명기념일과 같은 주요 행사 때 사람들이 들고 나온 현수막 색이 붉다고 해서 붙여졌다는 설과 아름다운 광장이라는 러시아 말에 '붉은'이라는 의미가 내포된 데서 유래했다는 설이 있다.

처음에는 시장이라고 불렸다가, 16세기 화재로 점포들이 불타버린 후 화재 광장이라고 불렸고, 17세기에 들어와 '아름다운 광장'이라 불리게 되었다. 이 광장은 수백 년 동안 러시아 권력의 중심지이자 수많은 역사적 사건들이 일어난 격동의 무대였으며, 무엇보다 러시아 건축 예술의 진수를 맛볼 수 있는 곳이다.

광장 주위에는 크렘린 궁전, 바실리 대성당, 레닌 묘, 국립역사박물관, 굼 백화점 등 아름다운 건축물들이 들어서 있다. 이중 바실리 대성당은 양파 모양의 지붕에 색상과 모양이 각기 다른 여덟 개의 탑이 환상적이다.
 갈색 포장을 한 넓은 광장과 화려하고 아름다운 주변 건물들이 어우러진 환상적인 모습을 보노라면, 이름의 유래 따위는 모르더라도 저절로 '아름답다!' 하고 감탄하게 되지 않을까?

←바실리 대성당 / ↑우스펜스키 성당 / ↖대통령 집무실 / ↗굼 백화점.

붉은 광장. 정면에 러시아 국립역사박물관이 있고 왼쪽에는 크렘린 궁과 그 앞에 레닌의 묘가 있다. 오른쪽에 굼 백화점이 보인다.

CAMBODIA
캄보디아

씨엠립 사람들
SIEM REAP

앙코르 와트를 가기 위해서 캄보디아 씨엠립 공항에 내렸다. 씨엠립 공항의 입국장은 푹푹 찌는 찜통더위였다.

여기에다 비자 받는데도 그렇고 입국하는데도 그렇고 무엇 하나 예측되는 게 없었다. 인내심이 부족해서인지 짜증이 났다. 어떻게 얼마를 기다려야 하는지 그 어디에도 선도 줄도 보이지 않았다. 앞으로 어떤 일이 전개될지 몰라 긴 시간은 아니었지만 당황스러운 시간을 잠시나마 가져야 했다. 겨우 비자를 받고나서 사람들 하는 대로 눈치껏 입국 수속을 받는 둥 마는 둥 공항을 빠져나왔다.

공항에서 조금 기다리고 있으니 아세아 자동차 로고가 선명한 한국산 버스 한 대가 우리 일행을 태우러 왔다. 한글 간판을 미처 떼어내지 못한 20인승 버스였다. 자리가 비좁기는 하지만 캄보디아인을 한 사람씩 만나는 재미로 이런 불편 정도는 문제가 되지 않았다.

인구 17만의 씨엠립 사람들. 그들 대부분의 삶은 아주 힘들어 보였다. 그런 중에도 1년에 220만 명의 관광객이 다녀간다니 그나마 다행이었다.

힘든 생활 속에서도 웃음을 잃지 않는 어린아이들, 돈 달라고 손을 벌리기는 하지만 돈을 주지 않아도 손을 흔들어주는 순박한 어린아이들, 이런 어린아이들을 보니 어렸을 때 생각에 눈물이 눈가를 적시어 왔다.

뒷산에 꿩을 잡기 위해 온 미군에게 '미루꾸밀크캐러멜' 달라고 졸졸 뒤쫓아 다니던 그때, 딱총을 만들 때 공이로 쓸려고 탄피를 줍던 일, 실탄을 다 쓰고 난 묶음 쇠를 주어 숫돌에 몇날 며칠 갈아 연필 깎는 칼을 만들었을 때의 기억들, 떠올리고 싶지 않은 어린 시절의 아픔이 마음을 우울하게도 했다.

그 어려운 상황 속에서도 웃음을 잃지 않았던 그때 그 시절들이, 신혼 때 찻잔 하나를 사러 이 백화점 저 백화점을 돌아다니던 아내가 행복해 하던 모습이, 씨엠립의 순박한 어린 아이들의 미소를 보는 순간 머릿결을 스쳐 지나갔다.

찻잔 하나, 가진 사람이 보면 하찮은 것 같이 보일지 모르지만 없는 사람에게는 너무나 귀하고 소중한 것들이다. 이 조그마한 찻잔이 아기자기한 행

복, 따뜻한 행복, 팔딱팔딱 뛰는 기쁨을 만들어 주기도 했다. 그렇다. 밥 세 끼 걱정 없이 먹고 자식 무병하고 부모님 안녕하시면 그것 이상 더 기쁘고 행복한 것이 어디 있겠는가.

옥수수 한 알갱이가 빠져나가면 그 옆의 알이 힘없이 빠져나가듯이 행복도 기쁨도 즐거움도 한 굄돌이 빠져나가면 우르르 빠져나간다. 빠져나간 굄돌 그 자리에는 그 만큼의 슬픔이 채워지게 된다. 맘 같아서는 맘에 드는 굄돌로 다시 괴고 싶지만 마음대로 되지 않는 것이 인생살이이다.

하는 수 없이 사람들은 믿음의 굄돌을 종교에서 찾는다. 신앙이 물질적으로 쏙 풍요롭게 해주지 않을지라도 마음만이라도 편안하게 해 주지나 않을까하는 생각에서이다. 아마 씨엠립 사람들도 그런 위안을 받기 위해 신을 그랬던 모양이다.

　힘 있고 권력이 있는 사람은 번호판이 없는 차를 타고 종횡무진 사회를 어지럽히며 다닌다. 번호판이 없으니 탈세에 뺑소니를 쳐도 잡을 길이 없다. 이런 것이 용인되는 사회, 그런 속에서 사는 서민들은 얼마나 서글플까. 먹고 살기도 빠듯한데, 그런 사람이 지배하고 있는 세상이라면 삶의 의욕은 어떨까. 자포자기 끝에, 별수 없다. 힘이 더 센 신에 기대어 살 수밖에.

　신의 계시대로 살아가는 씨엠립 사람들. 그래서인지 씨엠립 근처에는 유난히 종교 유적이 많다. 대표적인 유적지로 앙코르 와트를 들 수 있다.

　앙코르 와트는 한마디로 불가사의 그 자체다. 밀림의 늪지대에 가까운 곳, 돌이 보이지 않는 그런 곳에, 크고 작은 사원들을 어떻게 지었을까하는 생각에 이르면 불가사의라는 느낌이 드는 것은 어쩌면 당연하다. 사원 벽에는 의미 있는 조각들이 아기자기하게 새겨져 있다. 그 많은 조각돌을 어떻게 벽면에 붙였을까 하는 기술에 대한 의문 또한 풀리지 않는 미스터리다.

　한 손으로 위쪽 계단을 잡고 게걸음으로 기어 올라가도록 만들어진 앙코르 와트의 돌계단, 그 구조로 보아 허리를 꼿꼿이 세워 거만스럽게 신의 세계에 접근하는 것을 허락하지 않으려 했던 모양이다.

　앙코르 톰에는 바이욘 왕의 미소 얼굴이 우뚝 서서 사원을 지키고 있었다. 신을 지키기 위해서는 강한 왕이 필요했던 모양이다. 그래서 사원에 수많은 왕의 모습을 조각해 놓은 듯했다.

　유적들을 차근차근 훑어 보고나니 씨엠립에 사는 사람들은 경제적으로 힘든 생활을 하면서도 왜 미소를 잃지 않았는지 알 수 있었다. 지도자를 잘못 만나 내전에 내전을 거듭하면서 주변 국가보다 경제적으로 힘들게 살고 있으면서도, 미소만은 바이욘 사원에 있는 왕의 미소를 본받아온 것이다.

　씨엠립, 그곳에는 아이들의 미소와 왕의 미소가 있어 삼시세끼 걱정 없이 살날이 곧 다가올 것이다.

한 손으로 위쪽 계단을 잡고 게걸음으로 기어 올라가도록 만들어진 앙코르 와트의 돌계단 허리를 꼿꼿이 세워 거만스럽게 신의 세계에 접근하는 것을 허락하지 않으려 했던 모양이다.

신들의 거처, 앙코르 와트
ANGKOR WAT

씨엠립의 대표적인 명소는 앙코르 와트와 앙코르 톰이다. 이곳은 4년 전에 왔을 때 나의 마음을 꽤 흥분시켰던 곳 가운데 하나이다. 그런데도 처음 가는 것 마냥 또 다시 마음이 설렌다. 아장아장 자기 길을 향해 발걸음을 떼어 놓는 아기마냥 한걸음씩 옮겨 놓았다.

앙코르 와트가 세상에 알려진 것은 프랑스의 동물학자이자 탐험가인 앙리 무어가 1861년부터 1864년까지 밀림에 있는 이 사원에 발을 디뎌 놓고부터였다. 앙코르 와트의 '앙코르'는 '너무 좋아 다시 보고 싶다'는 뜻에서 붙여진 이름이고 '와트'는 '절'이라는 뜻이다. 세계문화유산 중의 하나인 앙코르 와트는 천여 년 전, 37년에 걸쳐 세워진 건축물로 왕의 무덤으로 알려졌다. 주위에 호수가 있는 것으로 보아 수로 공사를 먼저 한 후 건축한 것으로 추정된다. 앙코르 와트까지 들어가는 참배로는 432미터이고 조각은 한 면이 250미터에 달한다. 앙코르 와트의 높이는 66.9미터로 주변에는 이 보다 더 높게 건물을 지을 수가 없다. 앙코르 와트는 부분적으로 복원 공사를 하고 있었다. 문화재를 보호하기 위해 앙코르 와트에 한 번 들어가는 인원을 100명으로 제한하고 있다.

앙코르 와트 벽면은 조각으로 채워져 있는데 윗부분에는 왕과 귀족의 이야기를, 가운데 부분은 평민의 삶을, 아랫부분은 노예의 삶 이야기를 그리고 있다. 앙코르 와트의 천상에 오르는 길은 72도의 경사로 되어 있는데 별이 1도 움직이는 시간으로 알려져 있기도 하지만 신에 대한 경외심을 갖게 하는 뜻이 더 크다.

　앙코르 와트라는 왕의 무덤은 그 당시로서는 상상하기 어려운 노역이 뒤따랐을 것이다. 누가 언제 얼마만큼의 인원으로 이 많은 돌에 당시의 사회상을 새겼을까, 어떻게 돌조각을 붙였길래 천 년의 세월이 지나도록 보존된 것일까. 한 번 보고 두 번 봐도 신기하기만 하다. 이 돌을 쌓기 위해 무더위

와 힘겨운 고투를 하면서 조각하고 붙이고 했을 텐데, 이런 일은 종교의 힘이 아니고는 불가능했을지도 모른다.

종교의 힘, 정신적인 지주가 되는 그 힘은 신체 기구를 움직이는 에너지의 역할을 했을 것이다. 한 가지 일을 할 때마다 신에 기도하고 기도의 응답을 기다리면서 새로운 조각을 새겨 벽에 붙이기를 반복해 만든 왕의 무덤, 앙코르 와트이다.

경제적으로 부유하지는 않아 보이지만 이것이 있어서 그들의 삶이 꼿꼿하게 펴지고 자존심이 되살아난 캄보디아인.

육체적인 삶이 비록 궁핍하지만 정신적인 내면의 세계를 살찌우려는, 내세에는 보다 더 윤택한 삶을 살기 위해서 오늘의 고통을 참고 견뎌 나아가는 것이다. 자기를 포기하지 않는 외유내강의 자세를 가지는 삶, 울분하지 않는 삶, 자기를 지켜가는 노력을 게을리 하지 않는 삶, 그 삶이 앙코르 와트의 세계를 만든 듯하다.

↗ 앙코르 와트 옆면.
→ 앙코르 와트 벽면 조각상.

바이욘의 미소, 앙코르 톰
ANGKOR THOM

일명 뚝뚝이라 불리는 루모^{rermork}를 타고 앙코르 톰 주변의 유적지를 둘러보았다. 14만 평의 넓은 면적에 100여 만 명이 살았다고 한다. 동서남북의 네 개 문이 있고, 동쪽에는 전쟁에서 승리한 병사만이 출입할 수 있었던 승리의 문이 하나 더 있다.

승리의 문을 들어 서 긴 회랑을 지나면 코끼리 테라스와 문둥왕 테라스를 만난다. 코끼리 테라스는 왕의 집무실이었다. 광장은 병사들의 훈련과 사열을 받는 곳이기도 했다. 그 맞은편의 탑은 왕의 집무실과 감옥으로 사용했던 곳이다. 앙코르 톰 입구에는 왕들의 조각상의 발이 다 잘려나갔는데 적이 신의 역할을 하지 못하도록 의도적으로 훼손한 것이다.

바이욘 사원은 사면에 부처상으로 되어 있다. 이 나라의 종교는 힌두교였지만 그걸 뛰어 넘어 부처상으로 만들었다. 이것은 백성들이 어디 있든지 간에 지켜본다는 뜻으로 여러 방향에 많은 부처상을 새겨 놓았다. 이때만 해도 왕이 신이고 신이 왕이라는 생각을 가졌다.

→바이욘의 부처상.

바이욘 사원 입구

코끼리 테라스

불효자의 눈물, 따프롬

따프롬 입구에는 키가 큰 이앵나무가 줄을 지어 서 있다. 고목나무에서 나오는 진은 연기를 내면서 탄다. 이 나무는 목재보다는 땔감으로 사용된다. 절을 무너뜨리고 있는 나무는 흑단나무이다. 따프롬 사원은 불교 사원으로 일명 나무 사원, 어머니 사원이라고도 부른다.

이 사원은 아들이 어머니에게 헌정한 것으로, 어머니의 죽음을 통곡하면서 방을 만들었다. 이 방의 사방 벽면에는 보석이 박혀 있었다. 지금은 보석들은 사라지고 박혀 있던 흔적만이 남아 있을 뿐이다. 보석은 무기를 사는 데 사용했다. 이 보석 중 다이아몬드 35개는 다른 나라에 전시되어 있다.

밀림에 400년 동안 갇혀 있는 동안 나무가 지붕에 뿌리를 내리고 있었다. 이 나무는 현재 더 이상 성장하지 못하도록 성장억제제 주사를 맞고 있다.

따프롬 입구에는 캄보니아의 어머니 나무라고 하는 이앵나무가 줄지어 서 있다.

어머니의 죽음을 통곡하면서 만든 방. 이 방의 벽면에 박혀 있던 보석은 무기를 사는 데 사용했다. 이 보석 중 다이아 몬드 35개는 다른 나라에 전시되어 있다. 지금은 보석들은 사라지고 박혀 있던 흔적만이 남아 있을 뿐이다.

밀림에 400년 동안 갇혀 있는 동안 나무가 지붕에 뿌리를 내리고 있었다. 이 나무는 현재 더 이상 성장하지 못하도록 성장억제제 주사를 맞고 있다.

연꽃이 피어나는 사원,
반티아이 스레이
BANTEAY SREI

반티아이 스레이는 962년에 만들어진 것으로 연꽃이 피어오르는 사원이다. 사원 입구부터 황토색의 흙길은 어딘지 모르게 친근감이 있어 보였다. 사원의 조각도 붉고 섬세해 이제까지 보아 왔던 사원보다 더 우아하게 아름답게 보였다. 곳곳에 링가^{linga}가 남아 있었는데 이것은 시바 신의 상징으로 남근을 말한다. 문 옆에 조각된 여인상은 수문장이고 원숭이 조각상은 선신으로 왕들의 임무를 수행하는 데 자주 등장한다.

메콩강의 수상 광장, 톤레사프
TONLESAP

톤레사프는 우리나라 경상도 면적만큼 넓지만 수심은 아주 낮다. 이곳에 서식하고 있는 물고기는 250여 종에 이른다. 이곳 톤레사프를 벗어나면 프놈펜은 물론 베트남까지 갈 수 있다.

수상 촌에서 살고 있는 사람들은 물고기를 잡아 생계를 이어가고 있다. 4년 전 우기에 왔을 때는 돼지를 먹이는 집, 학교, 배구장들이 보였는데 이번에 다시 와서 보니 모두 사라지고 없다. 주변에 둑을 새로 쌓은 것으로 보아 아마도 정비를 한 모양이다. 톤레사프 넓은 쪽에는 유람선을 세워 놓고 여가를 즐길 수 있는 곳이 두어군데 보였다. 이곳 근처에는 몸에 뱀을 두른 어린아이들이 관광객의 시선을 끈 다음 구걸하는 모습에 마음이 아팠다. 처음에 왔을 땐 플라스틱 대야를 타고 다니던 아이들이 있었는데 그간 사고가 빈발하여 이런 일을 하지 못하도록 금지시켰다고 한다.

마음이 안되어 1달러라도 주고 싶었지만 그 많은 아이들에게 다 주는 것도 그러하거니와 학교도 가지 않고 구걸만 할 것을 생각하니 손이 쉽게 움직이지 않았다. 값싼 동정은 이들에게 자립의 길을 걷게 하는데 방해가 될 뿐이다. 땀 흘린 대가만이 건전한 나무를 만들고 숲을 이루어 새들도 다람쥐들도 함께 살 수 있게 하는 터전을 만들 수가 있다.

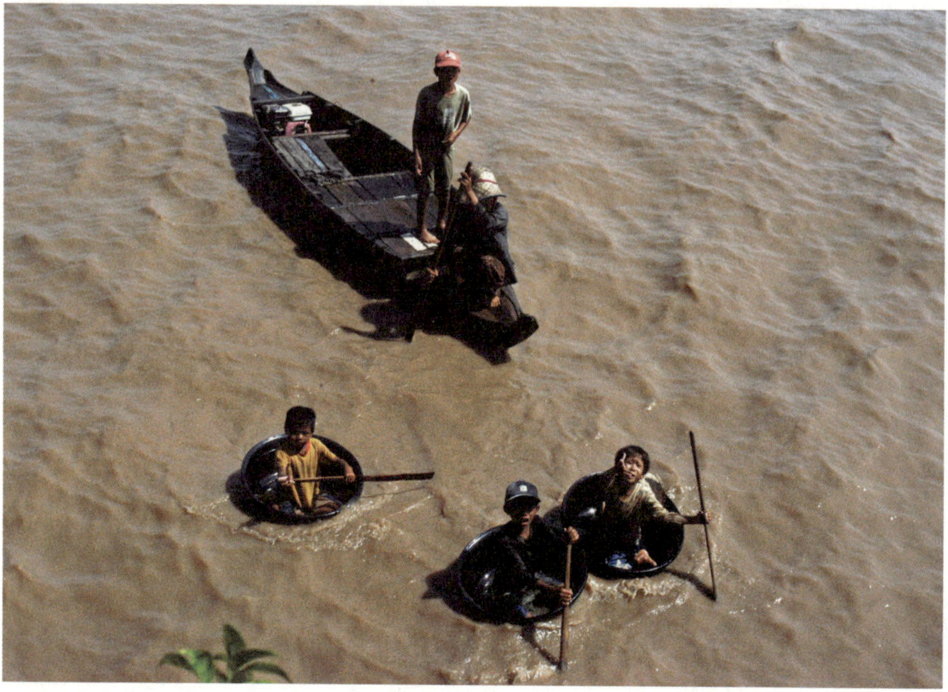

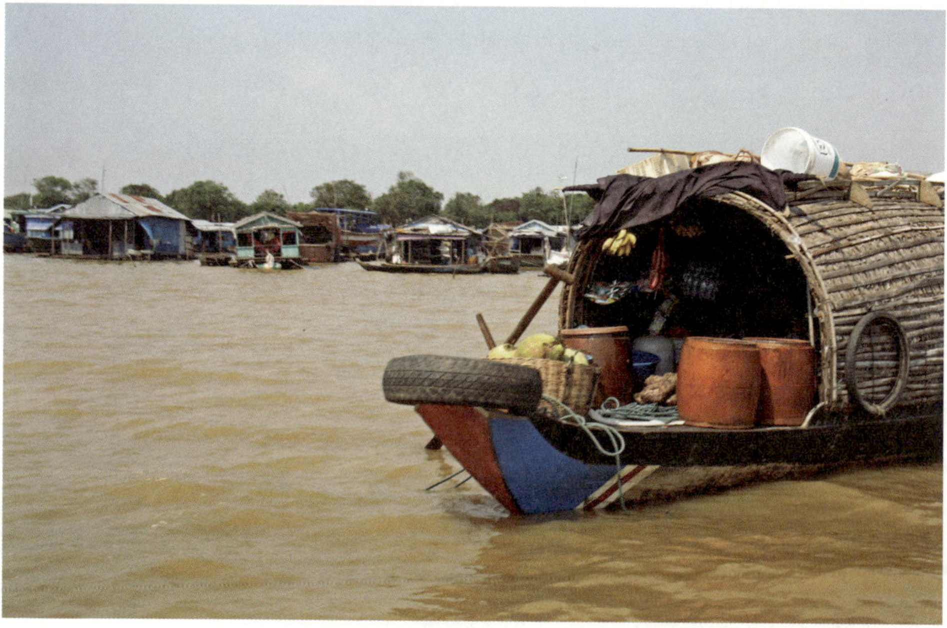

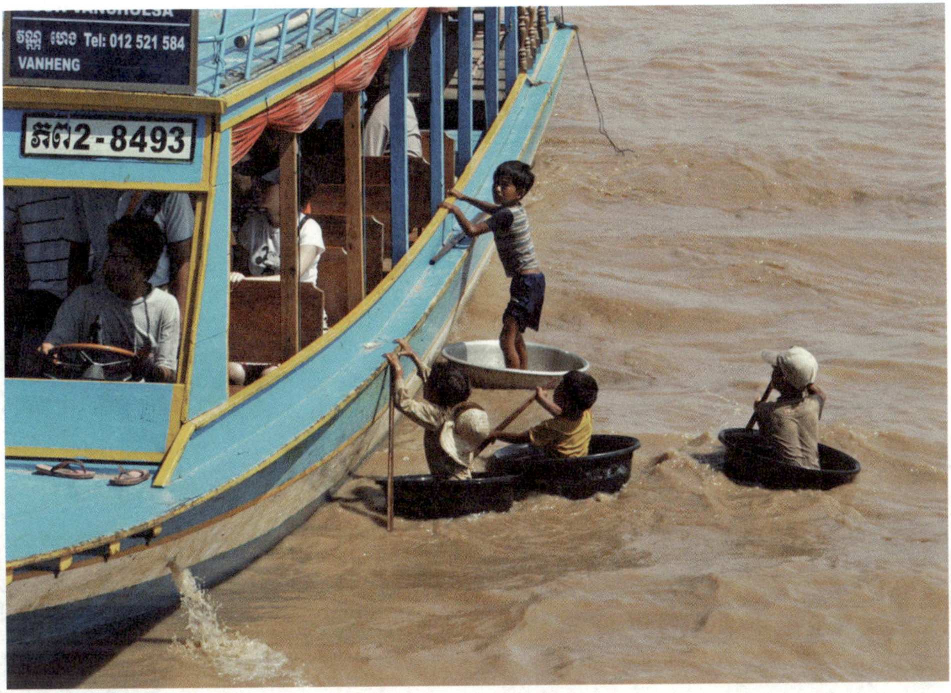
Tel: 012 521 584
VANHENG

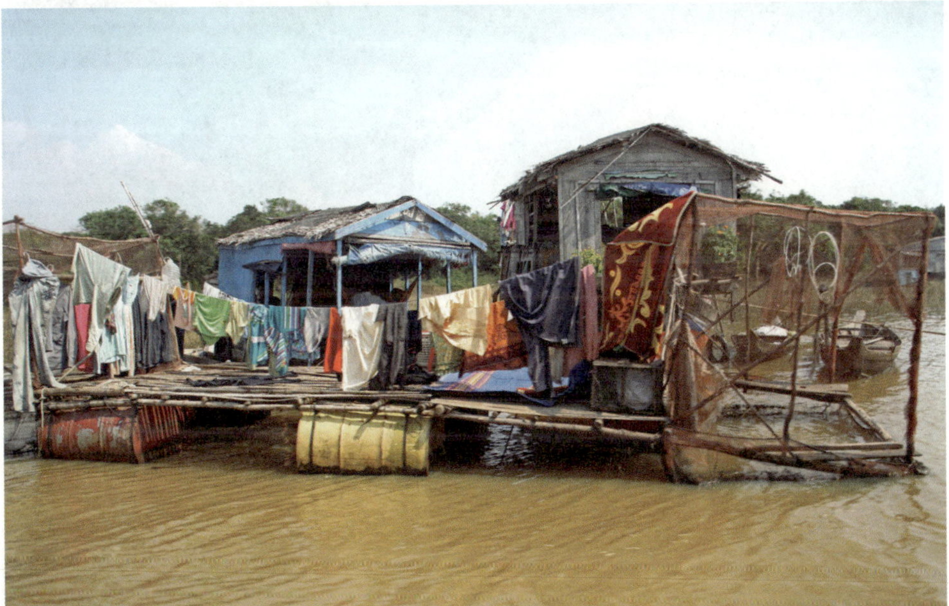

Thailand
태국

불교 도시, 방콕
BANGKOK

　태국하면 뭐니 해도 휴양지로 유명하다. 추운 곳에서 무더운 지역으로 와 보니 색다른 맛이 났다. 일상의 일을 접고 나라 밖으로 홀가분한 마음으로 떠나 지낸다는 것은 언제나 즐겁기만 하다. 무거운 짐을 잠시 벗어 놓은 기분이다. 우리의 사는 모습과 비교해 보면 그간 느끼지 못했던 색다른 행복을 찾기도 한다. 그곳이 사람살기 좋은 곳이든 기대에 못 미치는 곳이든 나름대로 나 자신을 되돌아보는 점에서 여행은 가치가 있다.
　어디를 가나 사람살이는 비슷하다. 그중에 공통적인 것은 신에 대한 의존성이다. 그 지역마다 믿는 신은 다르지만 바라는 것은 같은 듯하다. 무병장수하고 하는 일이 잘 풀리고 행복하게 살게 해달라는 내용이 대부분이다.
　아침 일찍 일어나 호텔 부근으로 나섰다. 길거리에는 오토바이며 자동차가 뒤섞여 도심을 미끄러져 나갔다. 옆에서 보기에는 아찔한 순간인데도 용하게도 그 어려운 길을 잘 빠져나가곤 했다. 매연이 코를 더럽히고 있다는 것 자체를 잊은 채 이곳의 도시 사람들은 경적 음을 수시로 내면서 도시의 상징인 오토바이 물결을 따라 흘러간다. 바삐 달리는 오토바이와 자동차의 바퀴 돌아가는 소리가 귓전을 어지럽히는 것도 아랑곳하지 않는다. 아마도 이들 생활의 한 부분으로 자리가 잡혔는가 보다.
　대로 가에는 이른 아침인데도 포장마차가 문을 열었다. 부침개, 구운 곤충이 대부분이었다. 그것을 싸들고 가는 사람도 이따금씩 보이는 것을 보면 출근하는 사람들이 주 고객인 듯했다.

거리 곳곳에는 팔자 늘어지게 드러누워 있는 개들이 지천으로 널려 있었다. 더워서 그런지 동작이 명확하지 않고 눈동자는 흐릿해 보였다.

왓 프라깨우Wat Phra Kaew 사원으로 불리는 에메랄드 사원에는 15세기 라오스에서 만들어진 75센티미터 높이의 태국의 국보1호인 에메랄드 불상이 있다. 이 불상은 계절이 바뀔 때마다 국왕이 불상의 옷을 입고 의식을 치르는 것으로 유명하다. 사원 건물 입구에는 가루다 상이 서 있다.

왓 프라깨우 사원 앞 짜오프라야Chaophraya 강 건너편에는 새벽 사원 왓 아룬Wat Arun을 볼 수 있다. 사원 내에 우뚝 솟은 프라프랑 탑은 높이가 79미터로 도시의 어디에서도 잘 보인다. 에메랄드 불상이 처음에는 이곳에 있었다.

짜오프라야 강의 곳곳에는 나무로 지은 주택들과 배를 타고 물건을 파는 사람들을 곳곳에서 볼 수 있었다. 물건을 파는 사공의 배 운전 솜씨는 놀랄 만했다. 부딪칠듯 하면서도 부딪치지 않게 다른 배에 접근해 아주 빠른 속도로 관광객이 탄 배에 올라 과일과 수공예품들을 팔기도 하였다. 한낮이라 그런지는 몰라도 뱃길이 좀 한가하게 보였다.

왓 프라깨우(Wat Phra Kaew).

짜오프라야(Chaophraya) 강에서 본 태국 왕궁.

새벽 사원 왓 아룬(Wat Arun).

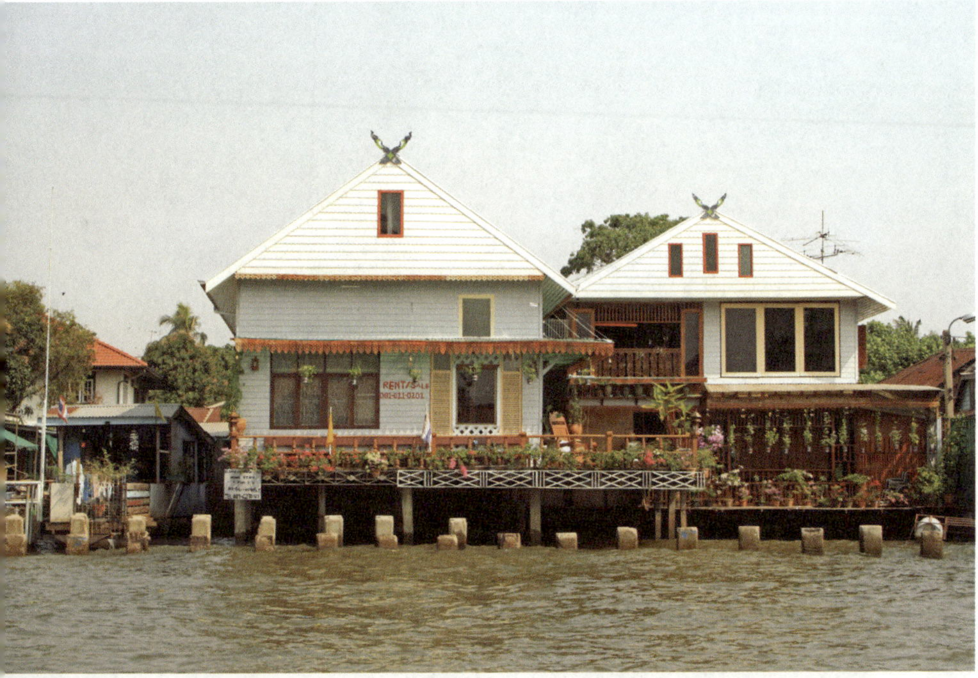
RENT/SALE

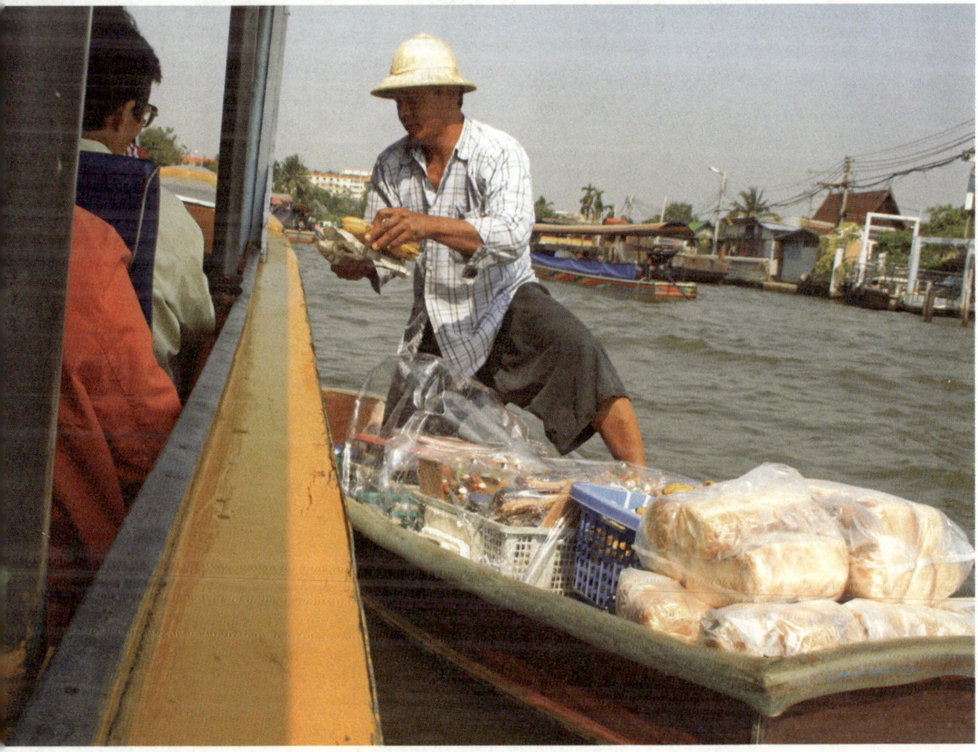

OCEANIA

대양주
大洋洲

AUSTRALIA
호주

아름다운 항구, 시드니
SYDNEY

　세계 3대 미항 중의 하나인 시드니에 한 번 와 보리라고는 상상조차 해보지 않았다. 그런 시드니에 직접 와 보니 마음이 저절로 흥분되었다. 바다는 좋은 경치를 만드는 필수 조건인 모양이다. 저 멀리에서 출렁이는 물결과 어우러지게 지은 오페라하우스는 보는 사람으로 하여금 눈을 시리게 했다. 바다 위에 떠 있는 유람선은 빛 사이를 헤집고 다녔다.
　보는 눈은 동양 사람이나 서양 사람이나 문화 수준이 높거나 낮거나 관계없이 같은 모양이다. 이런 좋은 경치를 찾아보고픈 마음도 서로 같아서인지 시드니 항구에는 발 디딜 틈이 없었다.
　바다의 갯내음과 따스하게 비춰 주는 햇살 아래 맥주 한잔씩을 들이키며 휴일의 여유를 즐기는 사람들로 꽉 차 있었다. 이들은 시드니가 낭만의 항구라고 외쳐댄다. 오페라하우스와 어우러진 파도 소리, 뱃고동 소리는 시드니에 울려 퍼지는 교향악이다. 이런 면에서 시드니는 눈을 즐겁게 해주고 귀를 감미롭게 해주는 곳이었다. 바다 가장자리에 한가하게 날아다니는 갈매기는 자연을 찬미한다. 이따금씩 바다를 맞대고 선 오페라하우스 계단 난간에 앉아 그곳에 기대어 선 사람과 어우러져 자유의 바람이 불어오는 무한의 수평선을 바라본다. 멀리서 아련히 들려오는 뱃고동 소리는 수평선의 평화로움에 빠진 사람을 일으켜 세우며 단조로운 삶의 음절마다 적당한 가락

호주 건국일, 축하 비행하는 모습을 오페라하우스를 찾은 관광객들이 지켜보고 있다.

으로 포인트를 매겨 준다.

　시드니는 500만이 살고 있는 대도시이기는 하지만 인구에 비해 도시의 면적이 넓어서인지 도시라기보다는 시골같이 쾌적한 느낌을 가지게 했다.

　우리 서울은 사람이 너무나 밀집해 있어 집값도 비싸고 공기도 탁하다. 사람이 많이 모이다보니 웬만한 것은 다 중앙으로 집중되어 지방은 점점 고사하고 있다. 이렇듯 북적거리면서 지지고 볶는 사람의 틈바구니 속에서 겨우 겨우 버티듯 사는 사람이 많은 곳도 서울이다.

　이에 비해 시드니는 숲이 우거진 데다가 바다까지 있어 공기가 너무나 향기로웠다. 폐부까지 편안하게 해주는 도시이면서도 사람 사는 냄새가 물씬

하버브리지. 시드니 중심상업지구와 북쪽 해변 사이의 시드니항을 가로지르는 아치교로 '오래된 옷걸이'라는 애칭을 갖고 있다. 오페라하우스와 함께 시드니의 대표적인 상징이다.

풍기는 그런 도시였다.

시드니에는 오페라하우스와 하버브리지가 유명하다. 오페라하우스는 마음먹고 지은 예술적인 건축물이다. 오페라하우스는 하얀 조개가 입을 딱 벌리고 있는 듯 바다의 의미에 맞는 건축물이었다.

1월 26일은 호주의 건국일이다. 얼굴이며, 팔이며, 가슴에 이르기까지 호주 국기 모양의 스티커를 붙인 사람들로 거리가 붐볐다. 시드니 항만에는 유람선을 타기 위해 모여든 사람들로 북새통이다.

유람선에서 보는 시드니 항만과 오페라하우스는 항구에서 볼 때와는 그 느낌이 색달랐다. 강렬한 태양 빛에 반사하는 젖빛의 거대한 조개껍질 지붕은 주위의 다른 현대식 건물과 잘 어우러져 한 폭의 그림을 만들었다. 하버 브리지는 시드니 중심지와 북쪽 해변의 시드니 항 사이를 이어주는 아치형 철교이다. 사람들은 유람선을 타고 오페라하우스 주변과 이 철교 밑을 유람하기도 한다.
　여행을 다녀오면 남는 것은 사진뿐이라는 말이 있다. 이는 곧 여행에서 흥분되었던 마음일지라도 얼마 가지 않아 기억은 점점 흐려지기 때문이다.
　이것을 회상하며 즐거운 순간과 흥분되었던 순간들을 다시 맛보려면 그 때 그 순간의 이미지를 카메라에 부지런히 담아 두는 것도 해볼 만한 일이다. 그런 것을 알아서인지 단체 사진을 찍을 때면 너도나도 가이드의 손에 카메라를 들려 준다.
　피사체로 제공되는 사람들도 사실은 고역이다. 그래서 서로 품앗이하는 마음으로 서로 참고 다소곳이 끼리끼리 포즈를 취하는 모습이 곳곳에서 보였다.

오페라하우스 맞은편 시드니 항 여객터미널

오페라하우스 앞 광장. 호주를 찾는 외국 관광객은 물론 호주 사람들도 즐겨 찾는 곳이다.

시드니 항구에서 바라본 하버브리지

황금 해변의 자유, 골드코스트
GOLDCOAST

골드코스트의 아침은 어떻게 펼쳐질까, 여정이 설렌다. 그런 설렘에 부응이라도 하려는듯 거리는 무슨 일이라도 일어날 것 같은 고요 속에 바람과 파도 소리가 이따금씩 교차했다. 깨끗한 거리에 잘 정돈된 간판, 옷매무새를 여미게 하는 풋풋한 잔디의 향기가 마음에 난 생채기까지 어루만진다. 일상에 두고 온 고민들을 잊게 하고 다음 일정이 기다려지는 골드코스트의 새벽 거리는 지금도 가슴에 또렷한 추억으로 남아 있다.

한국인이 운영하는 한식당에서 아침을 먹었다. 고향의 입맛이 그리워질 때쯤 맛보는 한국 음식은 외국에 와 있다는 것을 잠시 잊게 했다.

창밖을 내다보면 넓게 펼쳐진 바다, 끝이 망망하게 보이는 모래밭, 뒤편을 바라다보면 도시 같기도 하고 시골 같기도 한 푸른 골드코스트 휴양지, 곳곳에 운하로 뚫린 바닷길은 곧바로 마을 골목길이다.

이런 이국의 색다른 풍경은 사람의 혼을 쏙 빼놓았다. 모든 고민을 스스럼없이 잊게 하고 마음의 평화를 가져다 주기에 충분한 곳이었다.

어딜 가나 정원같이 보였고 사람들조차 같은 마음에서인지 여유롭게만 보였다. 여행자도 그 여유로움에 동화되어 시간 가는 것을 잊곤 했다. 골드코스트 해안의 보드라운 모래가 세찬 풍파에 굳어졌던 여행자의 마음까지 녹여 준다. 사람이 이다지도 많이 모이는 곳이건만 이곳 모래는 피곤해 보

푸른 골드코스트 휴양지, 곳곳에 운하로 뚫린 바닷길은 곧바로 마을 골목길이다. 골드코스트의 마을 사이로 뻗은 운하에 맞닿은 집은 간이 부두가 있어서 자가용 배를 정박시켜 놓고 있었다.

이는 기색 없이 시원함을 더해 준다. 아마도 이곳을 찾을 때 애완견의 출입까지 금지시킬 정도로 사람과 자연이 서로 사랑하고 있기 때문일 것이다.

골드코스트의 운하는 운하대로 언덕은 언덕대로 그 분위기를 살려 누구든지 살고 싶어 하는 도시로 만들어 놓았다. 인구밀도가 낮아 특별히 공기까지 정화할 필요는 없겠지만 그래도 집집마다 잔디며 나무를 가꾸어 공기를 피로를 덜어 주었다. 이런 풍경은 인공의 조형물인 시드니의 오페라하우스보다 더 아름다워 보였다.

골드코스트의 마을 사이로 뻗은 운하에 맞닿은 집은 간이 부두가 있어서 자가용 배를 정박시켜 놓고 있었다. 강을 하나의 도로로 이용하여 이동하기도 했다. 이런 집은 아무래도 값이 더 나간다고 한다. 육로와 수로로 이동할 수 있으니 이것은 어쩌면 당연하다 할 수 있겠다. 그런데 이 부두가 하나같이 깨끗한 데 놀랐다.

골드코스트의 해안에는 빌딩들이 늘어서 있다. 그럼에도 아주 깨끗하면서도 부드럽고 조화로웠다. 이것을 보면 자연과 함께 더불어 사는 것이 결국에는 나 자신을 소중히 하는 것이라는 것을 새삼 깨달았다. 바닷가에 바짝 붙어서 경관은 아랑곳하지 않고 횟집이며 모텔, 가정집이 난립한 우리로서는 상상도 못할 일이었다. 내륙에서 정화되지 않는 오수를 마구 흘려 보내는 우리, 자기 차 안만은 깨끗했으면 하는지 아무데나 차창 밖으로 휴지며 담배꽁초를 내던지는 행위, 소위 고등교육을 받았음에도 낮은 문화 수준을 가진 모습이 부끄러워졌다. 휴일이 지나면 산이며 계곡이며 관광지에는 아무렇게나 버리거나 돌틈에 숨겨 놓고 간 쓰레기로 넘쳐나는 우리의 현실, 자화상에 차마 고개를 들 수가 없다.

우리는 배고픈 시간 동안 허리끈을 조여 매고 일한 날이 있어 오늘의 경제 수준에 이르렀다. 한때 인성에 바탕을 둔 교육을 한 결과로 물질이 부족했어도 흥이 넘치는 삶을 살아 왔다. 이젠 우리 주위를 돌아보아야 할 시기에 왔다. 그런 의미에서 관광을 잠시 멈추고 특수학급이 있는 사우스포트 주립 고등학교Southport State High School을 방문했다. 한 교사로부터 학급 전반에 대한 현황을 들었다.

특수학급의 교육목표는 사회 활동을 하게 하는 것이다. 먼저 수준이 높은 교과 내용은 일반학급에 가서 수업을 받게 하고 그렇지 못한 교과목은 특수학급에 와서 공부한다. 그리고 학생들의 적성을 찾아내 그의 지적 능력에 맞는 직업 교육을 시키고 있었다. 그들은 현장 교육을 중시하였다. 슈퍼마켓이나 이·미용실, 공장, 기계·기구 제작이나 자동차 정비에 이르기까지 다양한 생활과 직업을 연관시켜 교육하고 있었다.

실험실습교육보다는 암기를 잘한 것의 결과에만 교육의 무게중심을 두는 우리의 현실을 볼 때 시사하는 바가 컸다.

특수학급이 있는 사우스포트 주립 고등학교. 우리와는 다른 방식의 교육을 볼 수 있었다.

마오리의 땅에서

공항의 입국 심사는 아주 까다로웠다. 동식물, 음식물 반입 여부를 확인하다보니 입국 절차와 시간이 길어질 수밖에 없었다. 인천공항에서 출발한 비행기라 승객은 거의 대부분 한국인이었다. 그곳에서 공부하는 자녀에게 가져다 줄 옷가지며 밑반찬들이 많아 입국 심사가 그만큼 지연되었다. 서너 시간 정도 지나서야 입국장을 가까스로 빠져나왔다.

입국장에서 나오자마자 제일 먼저 오클랜드^{Auckland}의 에덴동산을 찾았다. 잔디를 심어 가꾸어 놓았지만 이곳은 원래 화산이 폭발했던 분화구였다. 이곳에 올라서면 오클랜드 시내를 한눈에 내려다볼 수 있다. 인구는 120만 정도이지만 도시가 차지하고 있는 면적은 아주 넓었다. 그리고 이곳은 집이 차지하고 있는 땅 보다는 나무나 잔디가 차지하고 있는 땅이 더 넓었다.

한 시간 정도 오클랜드에 머물고 세 시간 거리에 있는 로토루아^{Rotorua}로 방향을 잡았다. 가는 길은 나지막하게 철사로 울타리가 쳐져 있었다. 그 규모는 정확히 알 수 없지만 3천 제곱미터 남짓했다. 아마도 양떼를 번갈아가며 방목하려는 의도로 나눈 듯싶다.

로토루아에 도착해 마오리 족이 공연하는 식당을 예정 시간보다 조금 늦게 도착했다. 공연은 이미 시작되었다. 자기들만의 전통 공연을 할 수 있는 것은 그나마 다행이지만 마음 한편에는 쓸쓸한 마음을 금할 수가 없었다.

넓은 땅을 고스란히 다 빼앗기고 이 좁디좁은 한 구석에서 자기 종족의 전통무용이나 선보이는 것이 삶의 전부인 것을 보니, 이런 마음이 들지 않을 수가 없었다.

그나마 다행스러운 것은 자기 전통의 무용을 발표하고 이것을 보아 주는 사람이 있다는 점이다. 이를 매개로 식당에는 많은 동양 사람들이 찾아 들었다.

이것을 보기 위해서 세 시간이라는 거리를 마다하지 않고 시간에 맞춰 온 것이다. 그 먼 거리를 미니 버스로 힘들게 왔지만 후회하지 않을 만큼 흥미 있는 공연이었다. 공연은 같은 수의 여자와 남자가 피리를 불어 가며 줄에 매단 방울을 돌리는 내용으로 율동적이었다.

무용의 한장면을 사진에 담아 보았다. 서서도 앉아서도 담아 보고 누워서 찍어 봐도 마음에 드는 사진이 나오질 않아 공연이 끝나고 마오리 남자 무용수에게 전통적인 포즈를 취해 달라고 부탁했다. 그의 포즈는 색달랐다. 혀를 아주 길게 빼냈다. 그게 무슨 뜻인지 묻자 "남성의 상징이요." 하는 것이었다. 혀 크기만큼이나 자기 자신이 강인한 남성이라는 뜻의 몸짓이란다. 건장한 남성의 상징이라면 어깨나 가슴 근육을 보여 줄줄 알았는데 의외로 혀를 길게 내밀었다.

아침 일찍 일어나서 보니 이곳은 아주 넓은 호수가 눈에 들어왔다. 아침 산책을 즐기는 관광객들이 눈에 띠었다. 이 호수가 이곳을 더욱 한적하게 하면서도 평화로운 공간으로 고요를 즐길 수 있게 했다.

와카레와레와Whakarewarewa의 간헐천으로 갔다. 말로만 듣던 황의 증기를 분출하는 하나의 용암 온천이다. 주위는 분출되는 황화수소 냄새와 뿜어대

→마오리 족 남자. 혀를 길게 내민 것은 자기 자신이 강인한 남성이라는 뜻의 몸짓이다.
↘마오리 족 여성 무용수. 넓은 땅을 고스란히 다 빼앗기고 이 좁디좁은 한 구석에서 자기 종족의 전통무용이나 선보이는 것이 삶의 전부이다.

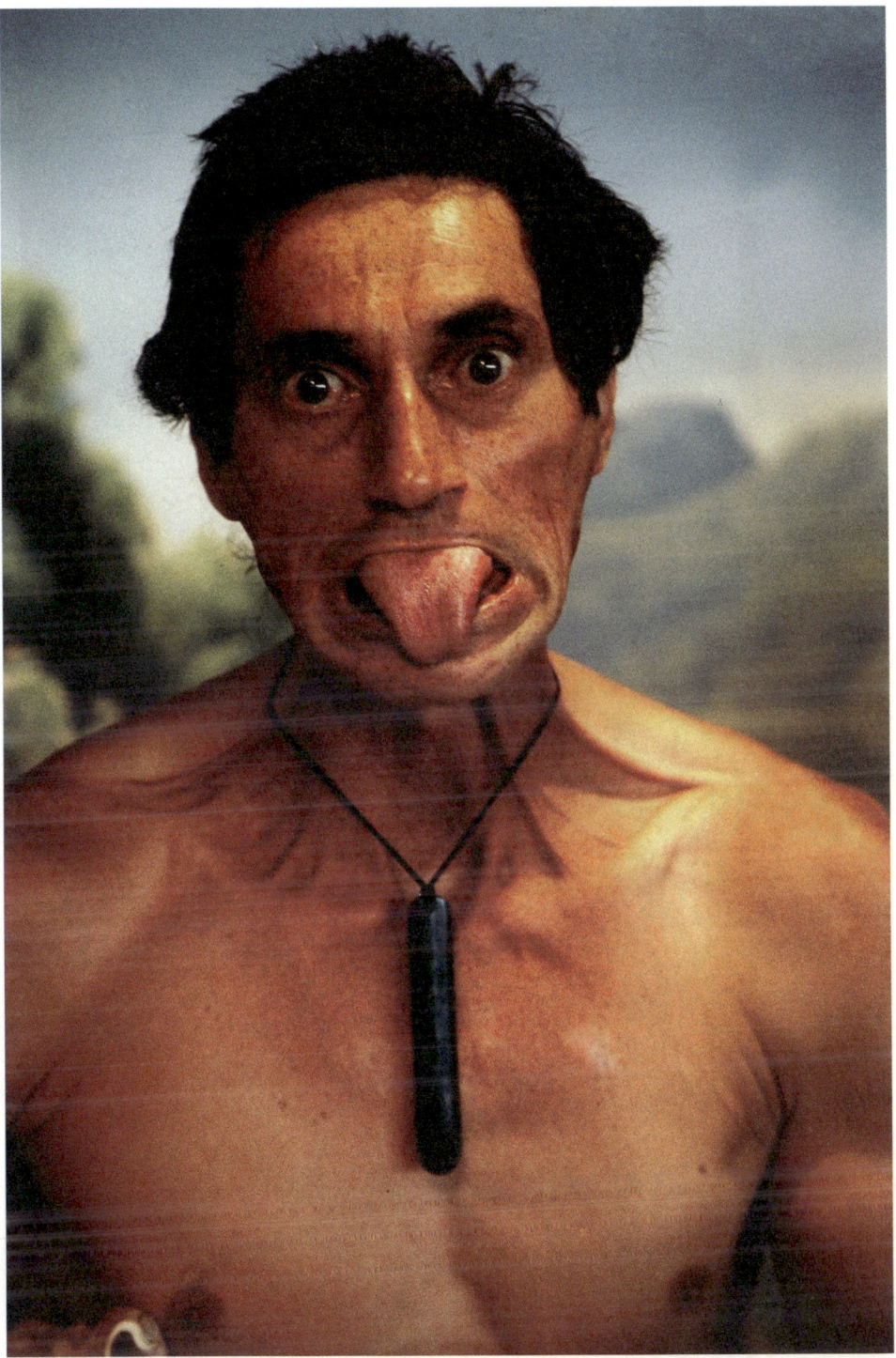

는 열기에 땀을 흘리기도 했다. 여름이라고는 하지만 뉴질랜드의 남쪽은 아침저녁으로 서늘한 느낌마저 드는 곳이었다. 이런 곳에서 절로 땀이 날 정도이니 간헐천의 열기를 짐작하고도 남았다. 뿜어 나오는 황화수소의 황 이온은 그 오랜 세월 동안 산화되어 노란색의 황으로 바위를 물들였다.

  돌아오는 길에 양털 깎기를 시연하는 곳에 들렀다. 그것을 보려는 사람으로 공연장은 만원이었다. 호각 소리에 맞추어 등장하는 서로 다른 종의 양, 진행자가 각 종의 특성을 설명할 때 입장하는 양들은 정해진 자리로 가 고개를 들고 서 있었다. 이런 장면을 경험하게 하는 코너도 마련되어 있었다. 직접 경험할 사람 나오라고 하니 한국인 여성 한 명이 제일 먼저 올라갔다. 여행지의 이런 경험은 아마도 관광객과 뉴질랜드에 대한 깊은 흔적으로 남을 것이다.

양털 깎기. 호각 소리에 맞추어 등장하는 서로 다른 종의 양, 진행자가 각 종의 특성을 설명할 때 입장하는 양들은 정해진 자리로 가 고개를 들고 서 있었다.

평면의 도시, 로스엔젤레스

아내를 로스앤젤레스에서 만나기로 했다. 11개월 만에 처음 만나는 순간이다. 그런데 부부의 상봉은 그리 간단치 않았다. 짐을 찾는 데 가서 기다려도 나오질 않았다. 사람들은 다 가고 남은 사람이 없었다. 무슨 일이 있는가, 심히 걱정되었다. 이곳저곳을 몇 번이고 뒤지다가 한 두어 시간 지나서야 출국장 쪽에서 두리번거리는 아내를 만날 수 있었다.

만나는 장소가 출국장이었는데 아내는 입양아를 데리고 나오는 목사와 같이 나오느라 좀 다른 쪽으로 나왔다. 서로 찾으러 다니다가 길이 엇갈렸던 모양이다. 참 반가웠다. 그렇다고 딱히 무어라 할 말이 없었다.

"어디 있었어, 한참 찾았지."

이 말이 전부였다.

저녁이 되었으니 무엇보다 묵을 호텔을 구해야 했다. 미주리대학교[MU. University of Missouri]에 객원교수로 와 있던[1983] 나는 미주리 주 컬럼비아에서 세인트루이스를 거쳐 여기까지 오느라 피곤했다. 아내 역시 11시간이 넘는 비행에 몸이 천근이 되었다. 우선 호텔로 가기로 마음먹고 공항에 드나드는 호텔 셔틀버스를 타기로 했다. 공항에서 가까운 베스트 웨스턴 호텔의 셔틀버스에 올랐다. 버스 기사는 멕시코 사람이었다. 그 기사는 퉁명스럽게 차비부터 내라고 했다. 호텔로 가는 것이라고 해도 막무가내였다. 하는 수 없이 그냥 내리려 할 때에서야 "됐습니다."라며 앉으라고 했다.

호텔의 규모가 아주 컸다. 우선 프런트로 가서 방을 구했다. 우리는 그곳에서 한 3일 머물기로 했다.

호텔 직원에게 이곳에 관광할 만 한 곳이 어디가 있는지 물었다.

"디즈니랜드, 씨 월드, 할리우드, 유니버설 스튜디오가 있지요."

"여행하는 방법은요?"

버스가 호텔 앞까지 온다며 스케줄 적힌 안내 전단을 내주었다.

호텔에서 내려다보이는 로스엔젤레스의 야경은 차만 질주할 뿐 한산했다. 여기에 창문의 선팅까지 파래서 그런지 여름밤의 바깥 풍경은 더욱 음산해 보였다.

호텔 주위에는 한국음식점이 많은 모양이다. 주위에는 '김 선물 센터'가 있고 주차장에는 배달을 왔는지 '공작식당'이라는 한글 간판을 붙인 차가 서 있었다.

말 하는 것으로 보아 한국의 항공 승무원인 듯한 사람들도 이곳에 투숙하는 모양이었다. 기내에서 온갖 서비스를 하느라 고생이 많았을 텐데도 오가는 말에 힘이 있었다.

방으로 가서 아내가 싸 온 김이며 멸치, 고추장, 오징어조림 등 한국 반찬을 펼쳐 놓고 조그만 전기밥솥으로 밥을 한솥 해 포식했다. 김의 고소한 맛, 엿기름과 쇠고기가 함께 어우러진 볶음고추장의 매운 맛이 주린 향수를 채워 주기에 충분했다.

명화의 고향,
할리우드와 유니버설 스튜디오
HOLLYWOOD & UNIVERSAL STUDIOS

오전 10시, 투어버스를 타고 할리우드를 거쳐 유니버설 스튜디오에 가기로 했다.

버스는 먼저 할리우드에 도착했다. 잘 알지도 못하는 배우들의 발자국 손자국에 나의 손과 발을 맞춰 보았다. 대단히 큰 손과 발임을 새삼 확인할 수 있었다. 영화배우들이 산다는 저택을 보면서 저걸 관리하려면 얼마나 많은 돈이 들까, 울타리를 손질하려 해도 돈이 많이 들겠네, 친절하게 걱정(?)도 해 주었다.

유니버설 스튜디오에서 내렸다. 차들이 즐비했다.

버스 기사는 "6시까지 이곳에 오시오. 그리고 차번호를 적어가시오."라고 말하곤 차 문을 열어 주었다. 내린 사람들은 물가에 풀어놓은 오리마냥 제각각 관심거리를 찾아 돌아다녔다.

입장권을 사고 6시까지 무엇을 하며 보낼까, 지레 겁부터 먹고 걱정을 하면서 입구에 들어섰다. 먼저 우주선을 타고 비행하는 장면을 보여준다는 곳으로 갔다. 많은 사람들이 앞좌석에 포진하고 있었다. 뭐 그리 대단한 촬영이기에 그리도 많은 사람들이 땀을 뻘뻘 흘려가며 기다리고 있을까.

이제 영화 촬영을 시작할 모양이다. 바닥에 세워진 우주선에 앉을 사람을 찾았다. 지원자는 예상 외로 많았다. 머리를 기다랗게 늘어뜨린 젊은 백인

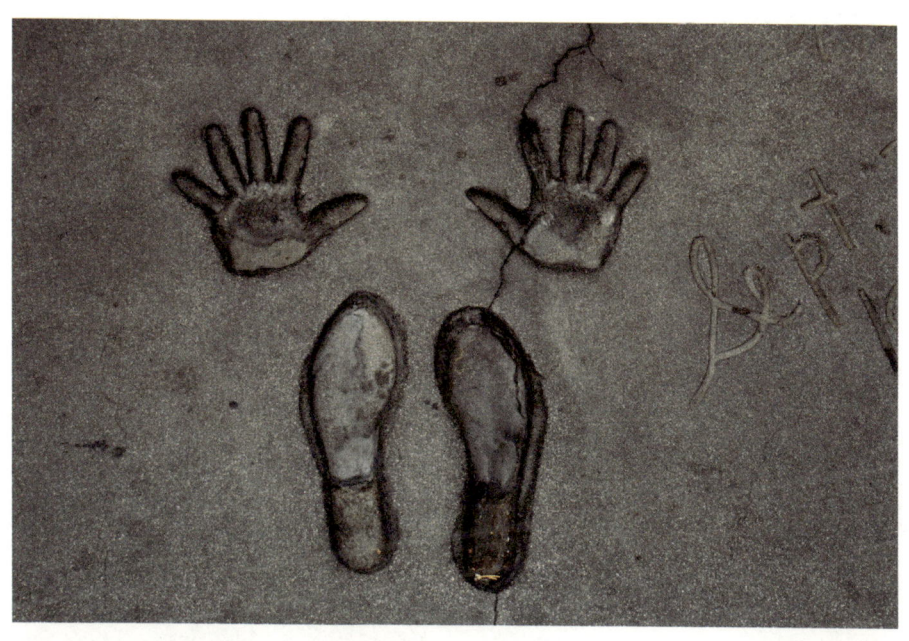

여성이 선택받았다. 그 사람을 세워 놓고 지루하리만큼 한참동안 사설을 늘어 놓더니, "자, 여기에 앉아 보세요."라며 우주선 모형에 앉혔다.

가끔 우주선에 앉은 사람을 힐금힐금 보아가면서 또 한참동안 말을 늘어 놓고는 내리라고 한다. 그리고는 촬영이 끝났다며 영화를 보여 주었다. 그 사람은 그냥 앉아 있었을 뿐인데 어느새 우주를 날고 있었다. 많은 사람들이 깜짝 놀랐다. 영화 촬영이 눈속임이라고는 하지만 이렇게 앞에 놓아두고 속이는 줄은 몰랐다. 그래도 재미가 있었는지 박수갈채가 쏟아져 나왔다.

나는 서부 영화를 좋아한다. 60~70년대 우리나라 극장가는 서부극이 주를 이루었다. 개리 쿠퍼Gary Cooper나 존 웨인John Wayne, 클린트 이스트우드Clint Eastwood의 권총 솜씨는 화려하다 할 정도였다. 옛날 서부 개척시대 거리를 활보하면서 권총을 쏘면 2층집에서 떨어지는, 그러면서도 다치지 않는 배우를 보고 대단하다 싶었다. 실제는 그 바닥에 매트리스를 깔아 놓아 다치지 않도록 되어 있었다.

이어 역내를 돌아다니는 꼬마 관광열차를 탔다. 관광열차가 근처에 나타났다 싶더니 열차 옆에 갑자기 죠스Jaws가 공격을 해왔다. 간담이 서늘했다. 그곳을 지나서니 영화 〈십계The Ten Commandments〉에서 바다가 갈라지는 장면이 나왔다. 이 갈라진 물 사이로 열차가 지나갔다. 다 빠져나왔는가 싶더니 삐거덕거리며 난간이 하나씩 부서지고 교각이 넘어지면서 다리가 기울기 시작했다. 추락의 위기에 빠진 사람들은 아우성이었다. 아슬아슬하게 다리를 건너자 열차가 멈춰 섰다. 안내원의 말에 따라 뒤를 돌아보니 다리가 복원되고 있었다. '아, 이런 거구나!' 하는 순간에도 마치 실제처럼 느껴졌다.

최근에 다시 방문했을 때, 해적을 물리치는 통쾌한 장면이나 터널을 지날 때 3D로 상영되는 킹콩은 간담을 서늘하게 하였다. 4D 영화도 볼 수 있었는데 3D에 가슴이 오싹해지는 순간 의자가 뒤흔들리고, 물이 튀는 장면에서는 실제로 물이 뿌려지기도 했다. 물론 관람객의 놀람과 흥분은 대단하였다.

씨 월드 샌디에이고
SEAWORLD SAN DIEGO

하얀색, 분홍색, 빨강색의 유도화(柳桃花)가 이른 아침 거리를 더욱 상쾌하게 물들였다. 곳곳에는 기름 퍼 올리는 장치들이 하염없이 돌아가고 있었다. 주위에는 형식적으로 꾸며 놓은 나지막한 나무 울타리들이 줄지어 서 있었다. 예쁜 아가씨의 안내와 마음씨 고운 흑인 운전기사, 군데군데 설치된 스프링클러가 거리의 모습을 더욱 여유롭게 했다. 씨 월드로 가는 길목에는 옥수수, 오렌지나무, 어린 토마토들이 아침 햇살에 자기를 상큼하게 표현하고 있었다. 해변을 달리는 버스 안은 앞으로 무엇이 전개될지 궁금한 마음으로 들떠 있었다. 두어 시간을 달려 드디어 목적지에 도착했다.

아무래도 인기 있는 것은 물개 쇼인 듯했다. 사람들이 발 디딜 틈조차 없는 것을 보면 물개 쇼가 대단하기는 한 모양이다. 뛰어 넘기, 음악 소리에 맞춰 춤추기, 조련사 태우고 다니기, 콜라 가져오기, 사람 떨어뜨리고 다이빙하기, 수건으로 얼굴 닦기, 웃기, 말하기, 손뼉치기, 외발서기, 관객에게 물 뿌리기, 키스하기, 악수하기, 옆 앞 뒷걸음하기, 머리 긁기, 조련사 따라 춤추기 같은 행위는 모든 이들을 웃게 하였다.

아이다호에서

말의 자유

아이다호 산야는 화산재로 뒤덮여 있다. 곳곳에 친 긴 울타리 안쪽은 목초지로 개간되어 있었다. 6월의 목초지는 민들레의 노랑빛으로 가득 차 있었다. 서너 시간을 가도 저 멀리 희미하게 우두커니 서 있는 말만 보다가 빈 목장이지만 그 안에 노랑꽃이 널려 있는 풍경을 보니 온기가 느껴지는 것 같아 마음이 한결 가벼웠다. 이따금씩 보이는 말들은 늘상 그랬던 것인양 모든 것을 포기라도 한 듯, 자기 앞에 쌓이는 눈의 높이라도 재려는 듯, 옴짝달싹 않고 서 있었다. 아마도 뜯어 먹을 풀이 눈에 가려 먹기를 포기라도 한 듯했다. 이런 일이 자주 있어서인지 당황하지 않고 먹는 일을 잠시 쉬는 것이 망부석이 같았다.

농장 입구는 화산재가 깔려 있어 큰 비로도 목초지를 크게 적실 것 같아 보이지 않았다. 헤아릴 수 없는 면적을 왜 가시 울타리로 쳐 놓았을까. 이곳의 울타리는 영역을 구분짓는 표시가 아니라 아마도 야생동물이건 가축이건 도로에서 희생되거나 지나다니는 차량의 길을 막아서지 말라는 뜻이 있어 보였다.

넓은 목초지에 사는 말은 비록 울타리 안에 갇혀 있지만 활동하는 데 제한이 있어 보이진 않았다. 인간이 거대한 우주 속 작은 지구 안에 갇혀 살아

도 그것이 새장 같은 느낌이 들지 않듯이 울타리 속 말 또한 구속되었다는 느낌이 들지 않을 것이다. 오히려 그 속에는 먹을 것이 풍족하고 다른 위험으로부터 보호를 받을 수 있어 좋다고 할 것이다.

사람도 이와 크게 다르지 않은 듯하다. 너나 할 것 없이 명함을 들고 다니며, '나는 이 틀에 갇혀 살고 있어요.' 하면서 어디에 소속되어 있음을 강조한다.

자기의 영역을 무수히 넓혀가다가도 어느 순간 사라지는, 자유롭게 살다가 떠나는 구름과는 달리 사람은 자기가 만들어 놓은 틀에 스스로 가두기를 바란다. 더 멀리 뛰고 싶고, 더 많이 가지고 싶어 하는 욕구가 클수록 '우리'라는 틀은 점점 더 '나'를 옥죄게 된다. 그러다 결국 그 틀을 부수려고 몸부림치기도 한다.

권력을 가진 자, 특히 나라를 움직이는 큰 힘을 가진 자에게 그 욕구가 크면 클수록 국민에게 의무는 늘리고 권리는 제한하는 폭군이 되기 십상이다. 그리고 애꿎은 이웃 나라와 전쟁까지 불사하는 정신착란자가 되기도 한다.

울안에 갇혀 사는 말이라고는 하지만 마음대로 뛰놀면서 좁음을 느끼지 않고 추위에 갇혀 살면서도 따뜻함을 찾아가고, 먹이가 눈에 갇혀 있으면 풀려나기를 기다려 먹는 여유로움, 말은 이미 그것을 터득한 듯 보였다.

우두커니 서 있는 것은 기다림이고 그 기다림 속에서 눈에 갇힌 먹이가 얻어지고 따뜻한 날이 찾아온다는 것을 안다. 아무리 발버둥을 쳐 봐도 내리는 눈을 막을 수 없고 그 속에 덮인 풀을 찾을 수 없다.

눈도 어쩔 수 없이 물러설 날이 있다. 말도 이것을 알고 있다. 그래 무작정 기다린다는 각오로 기다려보는 것이다. 기다림의 보람이 있어 푸른 싹이 눈을 비집고 올라온다. 이것은 기다림의 결과이다.

세상을, 행복을 누리고 자유롭게 살기란 마음먹기에 달려 있다. 영토가 넓어도 그게 작은 듯 남의 나라를 무력으로 침공하는가 하면 제 나라 사람을 거리낌없이 죽이는 이도 있다. 그런가하면 작은 땅이지만 알뜰살뜰 다듬어 가며 행복한 나라를 만드는 사람도 있으니 과연 어느 쪽이 더 행복하다 할 것인가?

스프링클러

일렬횡대로 길게 늘어선 스프링클러가 헬리콥터 모양의 몸체를 스스로 움직여 가며 목초지 위에 물을 뿌린다. 이파리에 물방울이 맺히고 화산재로 된 대지가 촉촉이 젖어간다. 스프링클러가 지나간 목초에는 푸른빛으로 생기가 돈다. 그러나 스프링클러의 물을 받아먹지 못한 옆자리 언덕의 들풀은 누렇게 말라 갔다. 이 극단의 대비를 보며 물은 목초에게도 생사를 결정하는 생명의 원천임을 새삼 느낀다.

여름이냐 겨울이냐도 중요하지만 갈증을 해소하는 물 한모금도 그에 못지않게 중요하다. 그래서 스프링클러가 없으면 물을 한바가지씩 담아서 목초에 한 방울의 물도 빠져나가지 않도록 뿌려 주어야 한다. 효과가 있든 없든 살아 있는 생명을 위해서 밑 빠진 독에 물 붓기라도 해보는 것이다.

물기가 없어 땅바닥이 갈라질 때면 웅덩이의 물을 두레로라도 품어 주어야 한다. 지금 목초지의 화산재에는 물 한 방울도 머금고 있지 않다. 스프링클러가 있어 그나마 다행이 아닐 수 없다.

오천여 평의 하천 부지에 은행나무 묘목을 심은 적이 있다. 이 은행나무는 비료보다 물을 더 필요로 했다. 물을 주면 잎이 물을 핥듯 빨아 먹는다. 시들었던 은행나무 잎은 금새 생기가 돈다. 굽었던 어린 순은 허리를 꼿꼿이 세워 하늘을 향해 금방이라도 날아오를 듯했다. 이것이 모두 물의 힘이다.

시카고, 1983년

시카고 가는 길

미주리대학교에 객원교수로 온지 8개월이 지나도록 학교 소재지를 떠나 보지 못했다. 컬럼비아에서 세인트루이스까지는 그레이라인^{Gray Line, 관광버스}으로 두 시간 정도면 갈 수 있는 곳이지만 세인트루이스에 도착해서가 더 큰 문제다. 이런 생각에 혼자 여행을 한다는 것은 엄두도 내지 못했다. 그렇다고 혼자 살면서 차를 사서 타고 다니기도 그랬다. 우선 차량 유지비가 만만찮았다. 그래서 평소에 차라리 그 돈을 모아 아내와 함께 여행하는 것이 더 좋겠다는 생각에 이르렀다. 이를 위해 모든 경비 지출을 최소한으로 하는 중이었다.

미주리대학교 물리학과 이금휘 교수가 승용차로 시카고까지 여덟 시간 이상 걸릴 거라면서 같이 가자고 청했다. 처음에는 신세지는 것 같아서 극구 사양했다. 그런데 사모님은, "혼자 가다 졸면 안 되니 같이 가 주세요."라고 하여 동행하기로 했다. 사모님은 경북 김천 사람으로 수도의과대학^{우석대 전신, 이후 고려대 의대}을 졸업한 후 미국으로 건너와 결혼할 때까지는 줄곧 시카고에서 의학 공부를 해 왔다고 한다.

"우리 이 이는 미국에 와 산지 25년이 되었는데도 미국보다 한국을 더 좋아해요."

사실 그랬다. 다른 사람들은 한국 사람을 그리 달갑게 생각하지 않았다. 대부분 좋은 사람들이지만 몇몇 사람은 한국에서 사연이 있어 도피하듯 온 사람들이 있어 더하다고 했다.

스무남은 교민이 사는 동네에 와서 교회를 세우겠으니 도와달라고 졸라대는 사람을 돌려보낸지 얼마 되지 않아 오클라호마에서 온 한 목사가 교민들을 상대로 교회를 만든다고 조용한 동네에 와서 난리를 피웠다.

"교수나 의사 다섯 명만 만들어 주세요. 생활비는 600달러면 되니 알아서 해 주세요."

예순은 됨직한 목사의 제의에 이 교수 부부는 난처해 했다. 이 교수 부인과 그의 딸 그레이스, 제인은 이미 미국인 교회에 다니고 있었다. 단지 금요일 저녁에 이 교수 댁에서 바이블 스터디를 할 뿐이었다. 그런데 느닷없이 교회라니 한 달 전에도 홍역을 치른 이 교수 부부로서는 난감해 했다.

"우리는 미국인 교회에 다녀요. 오클라호마에서 목회를 하신다면서요?"

"오클라호마는 국제결혼한 사람이 많아서 교인도 많아요. 그런데 딸이 이곳 학교에 다니게 되었어요. 그러니 도와주세요."

하면서 졸라 댔다. 이 교수는 교수이고 사모님은 의사이니 그 목사는 이 두 사람만이라도 후원하면 아쉬운 대로 교회를 꾸려나갈 수 있다고 생각하는 모양이었다.

이런 와중에 사모님은 같이 시카고에 가라고 했다. 아무래도 곧 돌아갈 사람이니 시카고 구경도 시켜주고 가는 길에 링컨의 활동무대였던 스프링필드를 겸사겸사 구경시켜 주고 싶었던 모양이다.

그런 배려로 시카고에 같이 가라고 한 것이다. 그때만 해도 하루 종일 운전을 하는 것이 얼마나 힘든지를 몰랐다. 그 당시 이 교수가 8시간 넘게 운전하고 간 것에 대한 고마움은 그리 크지 않았다. 지금에 와서 운전을 하고 보니 그 만큼의 거리와 시간을 운전한다는 것은 너무나 힘든 노역이었다.

시카고로 가는 길에 마크 트웨인이 〈톰 소여의 모험〉The Advantures of Tom Sawyer 을 집필한 집에 들렀다. 미시시피 강가에 있는 나무집은 잘 보존되어 있었고, 집안에는 그가 저술한 책들이 진열되어 있었다. 그 집 옆 나지막한 언덕에는 톰 소여의 동상이 서 있었다.

끝이 보이지 않는 벌판을 가로질러 간다는 것이 지루했지만 운전하는 사람을 생각해 이 이야기 저 이야기를 꺼내가면서 가는 것도 여간 힘든 것이 아니었다. 지루하던 차에 링컨 기념 정원Lincoln Memorial Garden도 볼 겸 스프링필드에서 잠시 쉬었다 가기로 했다. 링컨이 변호사 시절 지내던 방이며 묘지를 둘러보았다. 관광 온 흑인 학생들이 기념관 구석구석을 채우고 있었다.

앞서 본 투르만 대통령 기념관과는 규모면에서도 아주 컸다. 이처럼 미국은 대통령을 지낸 사람마다 크던 작던 기념관 하나 정도는 다 있다고 한다. 그때 본 것만도 투르만, 루즈벨트, 링컨이었다. 우리나라는 현대 역사가 짧아서인지 그런 기념관 하나 변변치 않다. 이런 것을 보면 우리의 역사는 기구하기는 한 모양이다.

이런 광경을 구경해 가면서 시카고로 향했다. 미주리 주는 나뭇잎이 활짝 피었는데 시카고에 가까이 다가갈수록 움틀 준비조차 하고 있지 않았다. 그 정도로 미국은 땅덩이가 넓었다.

멀리에서 안개가 회오리치듯 솟아오르는 광경이 보였다.

"저게 뭡니까, 왜 저러습니까?"

스프링필드의 링컨 기념 정원(Lincoln Memorial Garden).

애들러 천문관(Adler Planetarium), 시카고 레이크 쇼어 도로(Lake Shore Drive)에 있는 미국 최초의 천문관.

"지금 러시아워라 매연이 시내를 뒤덮고 있어서 그렇지요."

차들이 얼마나 많았으면 이런 현상이 나타나는가, 생각하면서도 한편으로는 신기하기도 했다. 그리고 한 시간 조금 더 걸려 시카고에 도착했다. 이젠 아는 사람 집을 찾아 가야 했다. 그 집은 지금 생각해 보니 노인만이 머무는 실버타운이었다. 그분은 전주에서 목회 활동을 하다 정년퇴임하고 미국에 건너와서 산다고 했다. 그 노인은 친구들 집에 놀러 가기도 해서 심심하지 않다고 했다. 할머니가 만들어 준 한식을 참 오래간만에 맛있게 먹고 거실에서 편히 잠을 잤다.

아침 일찍 일어나 시카고 박물관에 들렀다. 그날이 목요일이라 관람료는 내지 않아도 되었다. 그림의 매력에 빠지기도 하고 조각품에 마음이 끌리기도 했다. 모네의 노적가리 연작이 인상적이었다. 시카고대학교 옆에 있는

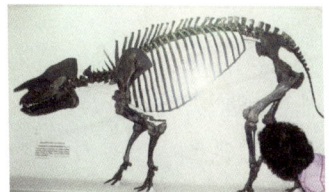

↑페르미연구소(Fermi lab).
←핵폭발 때 생기는 버섯구름 모형 조각.

핵폭발 때 생기는 버섯구름 모양의 상 앞에서 사진 한 장 찍고 그에 대한 설명을 들었다.

이어 페르미연구소Fermi National Accelerator Laboratory.Fermi lab로 자리를 옮겨 가속기를 견학했다. 직경 1.6킬로미터의 어마어마한 가속기가 있었다. 이 가속기에서 발생하는 열을 식히기 위해서 주위로 큰물이 돈다고 한다.

"대단한 시설입니다."

하고는 그곳에서 한참을 머물렀다. 이 교수도 전공이 물리학이니 관심이 간다고 했다. 돌아가는 길에 아이오 주립대학교에 한번 들리자고 했다. 물리학과만 해도 교수가 50명이 넘으니 이 교수가 있는 미주리대학교는 30명 정도이니 그 보다는 훨씬 크다고 했다. 학교 근처에 도착해서 주차를 하려고 한 30분 정도 주변을 돌아다녔다. 겨우 한 자리 찾아 차를 세우고 주차기에 동전을 넣고는 부근의 피자집으로 갔다. 버섯이 많이 든 피자를 시켜 한 조각씩 먹었다.

"피자 처음 먹어보는데 참 맛있네요."

1980년대 한국에서 피자란 흔한 음식이 아니었다. 외국에서 처음 먹어보는 피자는 정말 맛있었다.

"그런데 피자에는 콜레스테롤이 많아요."

이 교수는 그게 걱정인 모양이다. 이때만 해도 그게 무슨 소리인 줄 몰랐다. 당시 40대 중반인 그로서는 이런 문제에 무척 신경을 썼다. 자기의 맥박은 세 번 뛰고 한번은 쉰다고 했다. 그래서 심장약을 달아 놓고 먹는다고 했다. 사모님이 의사이니 이런 문제는 알아서 챙겨 주는 모양이었다.

다음날 아침 일찍 일어나 차를 달렸다. 농장은 끝이 보이지 않았다. 수평선은 보았지만 지평선은 북쪽으로 여행하면서 처음 보았다. 농지는 우리나라의 기름진 논과 같이 새까맸다. 그런 농장의 끝이 보이질 않았다.

"농지가 왜 이리 검은가요?"

"아, 그것은 빙하기에 여기에 있는 나무들이 얼어 죽어 이렇게 된 거지."

"비옥하겠네요?"

"물론 비옥하지."

이런 땅에 콩이며 옥수수를 심는다고 한다. 손바닥 크기만한 농토의 소출로 먹고 사는 우리와 달리 이들은 끝이 보이지 않는 농토에서 수확해 먹고 산다는 것이다. 우리나라가 농업국이라 배웠는데 이들이 진짜 농업국이었다. 이렇게 생산된 농산물은 어디에다 소비할까.

드넓은 농토를 가진 국민들이니 농촌도 도시 못지않게 풍요로운 생활을 할 거라는 느낌이 들었다. 옥수수나 콩은 밭에 깔린 레일이 있어서 기차가 미시시피 강가에 정박해 있는 컨테이너선까지 곡물을 나른다고 한다. 얼마나 많은 양의 곡물을 수확하면 기차까지 동원하나 상상이 되질 않았다.

시카고, 두 번째 여행

아내와 여행을 하기 위하여 밤 비행기로 로스앤젤레스에서 시카고 오헤어 공항으로 향했다. 막상 내리고 나니 다운타운까지 어떻게 갈 것인가 한참이나 망설였다. 숨을 고르고 나서 날 새기를 기다려 버스정류소로 갔다. 시카고는 먼저 번에 이 교수와 한 번 와 봐서 마음만은 낯선 곳이 아니었다. 다운타운으로 가는 버스가 왔다. 버스 안은 사람들로 꽉 차 있었다. 한참을 서서 가서야 목적지에 도착할 수가 있었다.

멀만 교수의 별장은 미시간이라는 조그마한 항구에 있었다. 그곳에 가려면 일단 시카고에서 밀워키로 가서 배로 오대호를 가로질러 가야 했다.

시카고에서 기차로 2시간을 달려 땅거미가 질 때쯤 밀워키에 도착했다. 거무스름해진 밀워키 시내와 더불어 마음이 덩달아 어두워 왔다. 택시를 타고 근처 오대호 항구로 갔다. 막상 그곳에 가 보니 매주 수요일만 배가 출발한다고 한다. 미시간으로 가는 다른 방법은 없냐고 물었더니,

"글쎄요."

라며 말꼬리를 흐렸다. 하는 수 없이 오대호의 수평선만을 한참동안 바라보다 다시 밀워키로 되돌아와야 했다. 그리고 다시 시카고 행 기차를 탔다. 열차를 타는 사람이 없어 불안했다. 지하철이나 열차를 조심하라는 대학원생들의 말이 있어 불안감은 더했다. 지금 이런 상황은 피할 수 없게 되었다. 아랫배에 힘을 주고 대비책을 궁리하는 사이에 시카고 역에 도착했다.

로스앤젤레스는 단층 건물이 많은 평면 도시라면 시카고는 3, 4층이 많은 입체적인 도시라 할 수 있다. 원형으로 지어진 아파트가 군데군데 있어 도시의 입체감을 한층 더해 주었다. 이 건물들 자리는 오대호와 가까운 탓에 지질학적인 안전도 문제가 제기되어 뒤늦게 개발된 곳이다.

시카고를 조망하기 위해서 초고속 엘리베이터를 타고 시어스 티워^{Sears} Tower. 현재는 Willis Tower로 개칭 103층에 있는 전망대에 올랐다. 전망대는 흔들거렸다.

현기증이 몰려왔다. 10여 분 지나서야 어느 정도 안정이 되어 조금씩 움직여가며 시카고 시내를 조망할 수 있었다. 바둑판같이 쭉 뻗은 도로, 그 안에 빼곡히 들어선 집들, 시내 복판으로 유유히 흐르는 강, 운하가 있어 쾌적하게도 보이고 아름답게도 보였다. 멀리 내다보이는 오대호는 닫힌 가슴을 열기에 충분했다. 빙하시대에 얼음덩어리가 밀려와 그 자리에 머물렀다가 녹아 만들어졌다는 오대호. 넓기도 넓었다. 그곳에서 요트를 타는 사람도 보였다. 공기의 오염물을 정화시켜 주는 끝이 보이지 않는 호수, 그게 있어 사람들의 답답한 마음도 트이게 하는 것 같았다.

시카고 다운타운을 살짝 벗어나 있는 호수는 시카고를 쾌적하게 해 주었다. 호숫가를 따라 조깅을 하고, 소프트볼이나 미식축구를 즐기는 사람들, 드넓은 호수 내음을 맡아가며 요트를 타는 사람들, 이런 풍경이 보는 이의 마음까지 여유롭게 했다.

이와 대조적으로 거무데데한 건물에 길바닥까지 까만 다운타운의 뒷골목은 나다니기가 달갑지 않았다. 두리번거려가면서 콩닥거리는 가슴을 심호흡해 가면서 무작정 길을 걸어보았다. 굳게 닫혀 있는 셔터는 정적과 함께 나의 마음에도 셔터가 내려왔다. 덩치가 큰 사람이 뚜벅뚜벅 걸어올 때는 일부러

"우체국이 어디 있어요.", "시카고대학교는 어떻게 가면되나요?"

하고 물으면서 딴전을 피우기도 했다. 죄송스럽지만 사실 그 사람의 길안내는 건성으로 들었다. 어느 나라건 뒷골목을 편안한 마음으로 걷기란 쉽지 않다. 미국에 와 아내와 단둘이 뒷골목을 거닐어 본다는 것은 호기심보다 두려움이 더 컸다. 그러나 호기심 또한 말릴 수 없어 가 본 그곳, 우리의 도심 골목보다도 긴장되는 길이었다.

다운타운에서 호숫가로 가는 길에 건물만 덩그렇게 서 있는 루즈벨트대학이 있다. 몇 번은 그냥 지나쳤지만 호기심에 정문도 따로 있는 것도 아니니 문을 비시시 열고 그 안으로 들어섰다. 수위를 보고 있는 흑인 아저씨에게 허락을 받고 그곳을 둘러보았다. 천장에 형광등이 매달려 있지만 실내를 밝히기에는 역부족인듯 어둠침침했다. 실내의 채색도 검어 도심 뒷골목의 어두운 이미지가 떠올랐다. 이내 고맙다는 인사를 건네고 나와 다시 호숫가로 발걸음을 옮겼다.

호숫가 분수대 주위는 커다란 느티나무가 열을 지어 서 있고, 꽃사과나무에는 작은 열매들이 주렁주렁 매달려 있었다. 라일락이며 개나리는 잔디밭을 아름답게 수놓았다. 분수대 옆에는 잔디구장이 있어 시민들이 운동을 즐길 수 있도록 되어 있었다.

하지만 길바닥 휴지와 어우러져 있는 늘비한 담배꽁초, 사람살이는 '어디나 다 같구나' 하는 생각이 들었다.

시어스 타워(Sears Tower) 103층 전망대에서 내려다본 시카고(1983년).

서부의 관문, 세인트루이스
SAINT LOUIS

　미시시피 강을 끼고 있는 미주리 주에서 가장 큰 도시 세인트루이스는 그 옛날 프랑스령이었을 때 루이 14세$^{Louis\ XIV.\ 1643-1715(재위)}$를 기념하기 위해 붙여진 이름이다. $^{프랑스령이었을\ 때는\ 루이지애나(Louisiana)로\ 불렸다.}$ 이곳을 기반으로 유럽의 정복자들은 인디언의 고귀한 땅을 침탈해 갔다. 이곳은 곡물을 나르는 선로가 깔려 있고, 바지선이 널려 있었다. 여기서 실은 밀이며 옥수수, 콩은 세계 곳곳으로 수출된다. 미국이 세계 최대 농업국임을 실감하게 하는 곳이다.

　미국 독립보다도 100년이나 앞선 세인트루이스의 역사는 도심 거리만 보아도 그 깊이를 짐작할 수 있다. 그것을 대변하는 상징으로 여기서 볼만한 빅 아치$^{Big\ Arch}$가 있다. 빅 아치의 다른 이름인 '관문 아치$^{Gateway\ Arch}$'에서 알 수 있듯이 미국의 관문이자 개척시대 서부로 향하는 관문의 의미를 지니고 있다. 1947년 핀란드계 미국인 건축가 에로 사리넨$^{Eero\ Saarinen,\ 1910-1961}$과 독일계 미국인 건축기사 한스카를 반델$^{Hannskarl\ Bandel,\ 1925-1993}$이 설계했으나 적절한 공법이 없어 착공도 하지 못하고 있다가 1963년에 와서야 공사를 시작해 약 3년만인 1965년에 완공했다. 이 아치 양쪽에서 한 토막씩 쌓아 올라가다가 마지막 제일 윗부분의 연결 부분에 가서는 양쪽 지지대가 바람에 흔들거려 서로 잇는데 애먹었다고 한다. 높이가 192미터에 이른다고 하니 그럴 만도 하겠다.

설계자 에로 사리넨은 아치가 세워진 모습은 고사하고 착공된 것도 모른 채 세상을 떠났다.

아치 꼭대기에 전망대가 있다. 1.5달러씩 주고 두어 시간을 기다려 83도 경사를 트램tram을 타고 올랐다. 10미터 쯤 덜커덩거리고 가다가 좀 평면으로 가는가 싶더니 다시 위로 올라갔다. 아치가 흔들거리는 듯했다. 아치에서 내려다보이는 미시시피 강은 더욱 넓어 보였다. 강가에는 컨테이너 화물선이 곡물을 선적하기 위해서 정박하고 있는 모습이 보였다.

이곳 세인트루이스에서 볼만한 곳은 동물원이었다. 우리마다 각종 동물들이 자리하고 있었다. 원숭이는 본 적이 있었지만 기린, 물소, 하마는 이곳에 와서 처음 보았다. 사료를 어떻게 감당할까 우려스러울 정도로 큰 덩치에 놀랐다. 하마의 머리와 덩치를 보면 힘으로라면 그 무엇도 해낼 것같고 그 행동은 코끼리와는 다르게 역동적이었다. 목이 상당히 긴 기린은 키에 비해 작은 머리, 온몸의 갈색이 부드러운 이미지로 다가왔다. 그 긴 목을 축으로 해서 머리로 받아치기라도 하면 어지간한 것은 다 부서질 것 같아 보였다. 조류, 파충류는 대부분 처음 본 것들이었다. 꽁지가 긴 새, 날개를 피며 자랑을 늘어놓는 공작이 흥미로웠다.

그 다음으로 인상 깊었던 것은 뱀으로 볼펜 크기만큼 작은 것부터 몸을 둘둘 말아 그 길이를 헤아릴 수 없을 정도로 큰 뱀이 먹이를 달라는 듯 혀를 날름거려가며 뚫어져라 응시하는 것이다. 색깔 또한 화려한 것부터 우중충한 것에 이르기까지 그 종류가 다양했다. 어떤 녀석은 가느다란 나뭇가지에 앉아 관람객을 응시하기도 했다.

물에는 헤아리기가 어려울 정도로 많은 홍학들이 놀고 있었다. 지붕이 없는데도 날아갈 생각을 하지 않는다. 몸이 무거워서일까, 조금씩 날아다니는 것을 보면 그런 것 같지는 않은데 날개가 좀 고장이 나서 그 자리가 자기 집인 양 주저앉아 있는 것은 아닌가.

나이아가라 폭포
NIAGARA FALLS

나이아가라 폭포를 가기 위해 시카고에서 밤 열차에 올랐다. 기차에서 살포시 잠이 들었다. 아침 햇살이 차창을 두드려 잠을 깨울 때쯤 기차는 버펄로^{Buffalo} 역으로 들어섰다. 역은 별로 크지 않았다. 화차들만 즐비하게 늘어선 것이 공업지역임을 단번에 알 수 있었다. 여기에서 내리는 사람은 스무 명 남짓했다. 다른 사람들은 이내 떠나고 남아 있는 사람은 남자 한 명과 우리 부부가 전부였다. 그 사람도 서성거리는 것이 여행객인 듯했다.

"어디에서 왔습니까, 어디로 가는 길입니까?"

"스위스요, 나이아가라 폭포에 가려고요."

"우리도 그곳에 갑니다. 우리 같이 갑시다."

그렇게 해서 우리는 일행이 되어 나이아가라 폭포까지 동행했다. 스위스에서 온 남자는 여행객에게 한 푼이 아쉬운데 절약할 수 있게 되었으니 고맙다고 했다.

역에서 버펄로로 가는 길 가장자리에는 공장들이 곳곳에 늘어 서 있었고, 이곳에서 나오는 듯한 악취가 거리 곳곳에서 배어 있었다. 화차도 이곳 공장들과 관계있어 보였다.

버펄로에는 단층집보다는 2층집이 더 많았다. 집에는 넓은 잔디밭이 있어 시선을 부드럽게 해 주었다. 잔디가 발산하는 산소와 향기에 나이아가라

폭포 부근이 향긋하게 물들었다.

택시 기사에게 폭포에서 제일 가까우면서 싼 모텔을 부탁했다. 폭포까지 10분 정도 걸리는 아주 가까운 거리에, 방 한 칸에 23달러 하는 생각보다 싼 모텔이었다. 가끔은 예약보다는 현지에 가서 방을 구하는 것

이 값도 싸면서 목적지에 가장 가깝고 전망 좋은 곳을 찾아 들 수가 있다.

폭포는 입체적으로 볼 수 있도록 잘 꾸며져 있었고, 상류 쪽에는 넓은 공원이 자리하고 있었다. 비린내로 물씬 젖은 갈매기들이 긴 기차가 미끄러져 지나가듯, 곡예비행을 하며 나이아가라 폭포를 빠져나갔다.

날이 어두워 오자 폭포는 더 희게 보였다. 어둠 사이로 캐나다 쪽에서 비춘 조명에 폭포에서 튀는 물방울은 무지개색 구름이 되어 하늘을 날듯 폭포를 휘젓고 돌아다녔다. 푸른색은 으스스한 느낌을 주다가 이내 붉은색의 따뜻한 구름이 위로하듯 감싸 안았다. 밤에도 관광객의 발길이 멈추지 않는 나이아가라 폭포는 자연이 이 나라에 준 혜택이었다.

하룻밤을 묵기로 하니 시간이 여유로웠다. 폭포수가 떨어지는 곳 앞 강가에 놓인 벤치에 앉아 갈매기에게 과자 부스러기를 던져 주며 휴식을 취했다. 오래된 자작나무인 듯해 보이는 나무들이 군데군데 서 있다. 갈매기들도 장난을 치려는 듯 주위를 맴돌다 옆으로 내려앉기를 반복한다.

배를 타고 우의를 뒤집어쓰고 폭포 밑으로 들어갔다. 폭포 아래는 비린내가 진동했다. 많은 사람들이 폭포에서 부서진 가느다란 물방울을 맞아가며 폭포 가까이로 가는 것을 즐거워했다. 더위에는 역시 시원한 물이 궁합에 맞는 모양이다.

미국의 수도, 워싱턴 D.C.
WASHINGTON, D.C.

나이아가라 폭포 구경을 마치고 버펄로 공항에서 워싱턴 Washington, D.C. 으로 향했다. 공항에 도착해 대합실에 있는 호텔 직통 전화를 찾았다. 대합실 한 귀퉁이에 호텔들의 직통 전화와 숙박료가 적혀 있었다. 가격 싼 곳부터 차례로 전화를 걸었다.

"빈 방이 있습니까, 공항에서 호텔까지 픽업해 줄 수 있나요?"

거의 대부분이 픽업을 해 줄 수 없다고 했다. 그럴 바에 숙박비도 싸고, 스미소니언 Smithsonian 박물관이 가까운 곳이 낫겠다 싶어 호텔을 찾아 방 하나를 예약했다. 줄을 서서 한 30분 동안을 기다려 겨우 택시를 탔다. 택시는 한참을 가더니 슬럼가로 들어섰다. 여름이라고는 하지만 윗옷을 벗어부치고 유리가 깨진 창틀에 하얀 이를 드러내놓고 누워 있는 것을 보니 낯선 이방인에게는 가히 위협적으로 다가왔다. 여행을 출발하기 전에 들었던 것과 너무 흡사한 슬럼가였다.

"여관이 여기에 있나요?"

"그렇지 않습니다. 좀 질러가는 길입니다."

그제서야 마음이 좀 놓였다. 그러고도 한참을 가서야 호텔에 도착했다. 이름이 호텔이지 많이 어설펐다. 그리고 슬럼가와 이웃해 조금은 마음이 편치 않았다. 일단 짐을 방에 들여놓고 저녁을 먹기로 했다. 식사를 할 곳이 마땅치 않았다. 이곳 분위기로 보아 한식당은 없을 거고 중국식당은 있을만 했다. 프런트로 가서 중국식당을 물으니 길 건너편에 있다고 알려준다.

이곳은 슬럼가가 아니던가. 좀 무섭다고 하소연을 했다. 언제 와 있었는지 나이가 들어 보이는 경찰관이 앉아 있었다.

"괜찮아요. 경찰이 여기 있는데."

하며 자기를 가리켰다. 그의 말에 조금은 안심이 되어 중국음식점으로 갔다. 중국음식점은 실내가 어둠침침한 데다 손님까지 까마니 정말 공포 그 자체였다. 겨우 메뉴를 골랐다. 음식이 나오기를 기다리는 동안 낯선 동양인에게 누가 와서 협박이라도 하지 않을까 불안했다. 초조하게 기다리고 있던 차에 음식이 나왔다. 맛도 모른 채 밥을 입에 분주히 밀어 넣고 삼키기도 전에 자리에서 일어났다.

밖은 이렇게 환한데 그 안은 왜 그리 어둡게 하고 있을까. 발걸음을 재촉해 호텔로 돌아왔다. 호텔 로비에 앉아 있는 한 중년 신사에게 워싱턴에 대해서 물어보았다. 그는 워싱턴이 자랑스러운듯 장황하게 말을 이어 갔다.

마침 우리가 묵는 호텔 바로 앞에 FBI^{Federal Bureau of Investigation}가 있었다. 다른 정부기관과는 좀 떨어져 있었다. 줄을 서서 기다려 이곳 내부를 구경했다. 안내자는 물리 · 화학 · 생물 실험을 거쳐 범죄 혐의 사실을 입증하는 과정에 대해 설명해 주었다.

FBI 견학을 마친 다음 600미터 쯤 떨어진 스미소니언 박물관 쪽으로 향했다. 국회의사당에서 보면 정면에 워싱턴 기념탑이 있고, 오른쪽에는 정부 부처, 왼쪽에는 박물관이 줄지어 있었다. 워싱턴 기념탑은 미국의 초대 대통령 조지 워싱턴^{George Washington, 1789-1797(재임)}의 위업을 기리기 위해 세운 높이 169미터가 조금 넘는 석조 탑이다. 이 탑은 긴 연못과 일직선상에 놓인 국회의사당 앞에서 볼 수 있다. 서편에는 에이브러햄 링컨^{Abraham Lincoln, 1861-1865(재임)} 대통령의 업적을 기념하는 그의 동상이 세워져 있다.

국회의사당은 얼마나 많은 사람이 방문했는지 대리석 계단이 발자국 따라 움푹 파여 있었고, 맨 아래층에는 대리석으로 만든 탐험가들의 석상들이 줄지어 있었다. 위층에는 방청석이 마련되어 있어 민주주의가 어떻게 실행되고 있는지 직접 볼 수 있게 되어 있었다.

백악관 앞 정원은 잔디가 넓게 깔려 있으며 이따금 스프링클러가 품어대는 물방울에 무지개가 백악관을 치장해 주고 있었다. 백악관은 검색을 받아야 안으로 들어갈 수 있었다. 어느 한 방에는 역대 대통령의 사진이 걸려 있었다.

국회의사당 옆에는 대법원이 있다. 이곳은 미국이 법치주의이고, 민주주의로 가도록 길을 잡아 주는 역할을 하고 있었다.

미 대법원.

미 제16대 대통령 에이브러햄 링컨 동상.

스미소니언 박물관의 조각상.

얼음 공원, 글레이셔
GLACIER NATIONAL PARK

글레이셔의 바람

기차를 타고 글레이셔 국립공원으로 향했다. 에어컨의 찬바람 때문에 잠이 잘 오지 않았다. 차창 길에 펼쳐지는 야외 풍경은 작달막한 해바라기, 옥수수, 밀 등이 장식하고 있었다. 어떤 곳은 넓은 평야가 펼쳐지는가 하면 어떤 주에 이르면 낮은 언덕과 강가의 숲, 야산, 말, 둥글게 말려 있는 건초들이 평원을 더욱 평화롭게 꾸며 주고 있었다. 길 양가에 전개된 아름다운 작은 들꽃, 산 위에 즐비한 고사목, 어떻게 보면 단풍 같아 보이기도 했다.

이따금씩 역무원과 기차 바닥에 깔린 카펫을 청소하는 아가씨가 지나가고 창밖에는 쾌청한 여름 날씨에 넓디 넓은 목초지가 펼쳐져 있어 가슴이 뻥 뚫리기도 했다.

큰 산이 나타나는가 싶더니 어느새 묵을 호텔에 도착했다. 호텔이라기보다는 조그마한 오두막집이었다. 나무로 지은 집은 실내가 온통 나무 향기로 가득 차 숲속의 정취를 마신듯 머리가 가벼워지며 하늘을 날 것만 같았다. 방은 천장도 벽도 바닥도 나무로 되어 있고 벽면은 인디언 아가씨들의 사진으로 치장해 놓았다. 이름도 알지 못하는 보랏빛 꽃, 새파란 잔디의 향기가 널따란 유리창 안으로 스며들어 왔다.

이런 집이 다 그러하듯 욕실은 다른 곳에 비해 빈약했다. 아마도 자연환경을 보호하기 위해서 의도적으로 설계된 것 같았다.

비프스테이크는 '웰던'을 요구했지만 '미디엄'으로 구워 왔다. 덜 익은 미디엄은 고기에 핏기가 서려 있어 먹기가 그리 쉽지 않았지만 공기 맑은 곳에서 먹는 샐러드와 감자의 맛은 아주 좋았다.

한차례 원 없이 쏟아지는 빗줄기 소리를 들어가며 아내와 함께 뒤척임도 없이 깊은 잠에 빠져 들었다.

아침 일찍 일어나 다시 전용 버스를 타고 인디언 박물관으로 향했다. 도로는 반듯하게 잘 정리되어 있었다. 소와 말은 다른 지역에서보다 더 많이 눈에 띠었다. 이 박물관은 넓은 평원에 조그맣게 세워져 있었다. 이것을 설명하고 안내하는 가이드는 고등학교 화학 교사였다. 방학만 되면 여행도 즐기고 돈도 벌어서 좋다고 한다.

산 아래에는 소나무들이 줄지어 서 있다. 8월인데도 돌산에는 얼음과 눈이 쌓여 있었다. 그래서 이름을 '얼음glacier' 국립공원이라 부르는 모양이다. 공원에는 꽃이 호숫가에 세워진 인디언 집에서 불어오는 시원한 자연 바람과 우람한 산에 둘러싸여 자라고 있었다.

인디언 박물관에 전시된 것으로는 말안장, 전통, 깃털 달린 모자, 가죽 신발과 그 장식, 뿔로 만든 수저와 칼, 담뱃대, 북, 퉁소, 연장, 염료, 옷에 붙이는 동물 털로 만든 장식, 이사하는 장면 등 인디언 생활 모습이 주종을 이루었다.

산 중턱에 이르러서 호수에 도착할 수 있었다. 보트를 타고 호수를 한 바퀴 돌고 산에 쌓인 눈도 가까이서 볼 수 있었다. 산이 높고 크기는 하지만 소박한 정취를 풍기는 그런 산은 아니었다. 그렇다고 그랜드 티턴Grand Teton National Park과 같이 암석으로만 이루진 것도 아니었다. 정상은 대부분 웅장한 바위로 글레이셔 국립공원의 이미지를 잘 표현하고 있었다.

이곳을 함께 찾온 미국인 관광객들은 내부분 농민이었는데 저녁에는 각

테일 파티가 벌어졌다. 우리도 그들과 함께 어울려 한잔씩 마셨다. 미국인 노부부들은 상쾌한 글레이셔의 공기를 마셔가며 편안히 여흥을 즐겼다. 음악이 울리자 자연스럽게 부부들은 쌍을 이뤄 춤을 추기 시작했다. 나는 이런 분위기가 어색해 멈칫거렸다. 날씬한 할머니들이 사뿐사뿐 걷는 모습이 근심 걱정은 애초부터 없는 듯 여유로워 보였다. 사실 미국에서 농부는 부자라고 한다. 농지 값이며 농기구 값으로 계산하면 월급쟁이는 그들을 당해내지 못한다고 한다. 그들은 이웃과의 사이가 워낙 멀리 떨어져 있어서 부부간의 정은 도시 사람보다 더 깊다고 한다. 농사를 얼마나 짓느냐고 물었더니 그 규모가 너무나 대단해 기억조차 할 수가 없다. 그런 할아버지 할머니들이니 만큼 마음가는 대로 사는 것에 익숙해져 있었다.

　그러고 나서 곧 저녁 식사가 시작되었다. 샐러드, 쇠고기, 감자, 야채, 빵이 주였으며 후식으로 아이스크림과 커피가 제공되었다.
　한 시간 정도 걸려 저녁 식사를 마치고, 9시가 되어서도 밖은 아직도 환해 아내와 산책에 나섰다. 싱그러운 공기를 마시며, 야생화의 꽃향기에 취하며, 여유로움과 풍요로움이 가슴을 채웠다.
　일 년간 떨어져 살게 한 것이 미안해 되도록이면 아내가 불편하지 않도록 배려하려 했다. 이 세상 그 많은 사람 중에 같이 사는 것도 큰 인연인데, 그리고 한 번 왔다가 가는 인생 서로 존중하면서 살아도 짧은 시간인데 하루하루를 행복하게 살리라 마음먹었다. 덧없는 시간들, 다소의 길고 짧음은 있지만 찰나를 지내다 가는 손님, 누구를 미워하고 누구를 힘들게 하면서까지 살 한가한 여유가 우리에게는 주어지지 않았다.

　시원한 공기로 가득 찬 글레이셔 품에 안겨 여독과 함께 저녁 식사 때 마신 술기운으로 세수도 하지 못하고 스르르 잠에 빠져들었다.

　아침 식사도 뷔페식으로 제공되었다. 우유, 주스, 구운 고기, 햄, 소시지, 베이컨, 계란, 감자, 과자 등등이 나열되어 있었다. 젊었을 때이니 모든 것이 맛있고 여기에 아내와 여유까지 뒷받침해 주니 행복감에 삶이 아름답다고 소리 지르고 싶을 만큼 가슴이 벅차올랐다. 여행이 가지는 매력이 이런 것이 아닌가 싶다. 나를 자연에 던져 놓고 몸과 마음이 자연의 모든 기에 파묻혀 놀도록 내버려두는 것 말이다.

　미국의 자연은 향긋한 공기의 샘이기도 했다. 우리의 허파 노릇을 해 주는 것 같기도 했다. 누구를 시기하고 경쟁하는 그런 곳이 아닌 듯싶었다. 무아지경의 시간을 보내기에 안성맞춤이었다.

　아침 식사를 마치고 여남은 명이 탈만한 오픈카를 타고 글레이셔 숲으로 들어갔다.

　또 다른 큰 호수가 나타났다. 투명한 물속은 바닥에 깔린 모래와 자갈이며 물고기가 훤히 들여다보였다. 물고기를 잡으려는 사람도 없을 뿐더러 물고기도 구태여 사람을 피해 도망가지도 않았다. 오히려 사람이 신기하다는 듯 발끝에 와서 입질을 하곤 했다.

　이것이 자연과 더불어 사는 맛인가 보다. 서로를 믿고 서로를 도와가며 사는 그런 삶이 더불어 사는 삶이 아닌가 싶다. 이런 분위기에서는 사랑을 하지 않을래야 않을 수 없고 서로를 존중하지 않을래야 않을 수 없다. 이것은 자연이 가진 위대한 힘이다.

　소심한 마음을 확 열어 젖혀 오염된 마음을 대수술해 준 글레이셔 국립공원의 그 힘, 지금도 그립다.

글레이셔의 숲

　산속엔 소떼들이 한가로이 풀을 뜯고 있다. 소가 길가를 지날 때는 차도 사람도 두려워하지 않았다. 귀에는 자기 이름 대신 주민등록번호처럼 번호를 달고 있었다. 지평선에 나돌아 다니는 자기 소를 찾기 위해서인지 몸에는 인두로 소유자의 표시로 낙인을 찍어 두었다.

　호수가 내려다보이는 3층 방에 여장을 풀어 놓고 큰 고기 조각이 들어간 샌드위치로 점심 한 끼를 때웠다. 잠시 한숨을 돌린 후 보트를 타고 호수를 가로질러 곰이 살고 있는 숲속으로 갔다. 미국 소나무들이 쭉쭉 뻗어 있었다. 흔들거리는 나무다리를 건너 다른 호수로 갔다. 계곡에서 흐르는 작은 폭포의 물이 호수를 찰랑거리도록 채우고 있었다. 들국화 향기에 물든 산들바람은 어딜가나 상큼했고 눈과 마음을 즐겁게 해 주었다.

　종업원은 음식만 서비스하는 것이 아니라 노래를 불러가면서 춤을 추며 기쁨까지 서비스했다. 이들은 대부분 방학 동안에 아르바이트를 하는 대학생들이었다. 남녀 가릴 것 없이 큰 쟁반을 한쪽 팔에 얹고 가운을 입은 채로 물에 뛰어드는 모습이 화려하게 보였다. 구경을 하는 노인들은 보기가 좋았던지 손바닥이 아플만큼 박수를 쳐댔다. 이런 쇼맨십이 훈련이 되어서인지 서빙을 할 때도 큰 쟁반에 친절을 한껏 담아 곡예를 하듯 나르기도 했다.

　낮과 달리 밤 호수는 바람을 일으켜 세차게 창문을 때리는 것이 으스스하기까지 했다. 바람이 드센 밤과는 달리 아침은 무척이나 고요했다. 호수 주위를 차로 달려도 끝이 닿지 않을 듯 넓었다. 석회석으로 된 돌산을 안고 가듯 어디를 가도 산 정상은 그자리에 그대로인듯 보였다. 2,033미터의 정상 가까운 곳에는 들국화가 만발했다. 들국화가 핀 그 윗자리는 띄엄띄엄 보이는 흰 눈이 아름다움을 더해 주었다.

　산불이 나 군데군데 죽은 나무들이 널려 있고, 사람이 지나가는 것을 서로 보려는 듯 곳곳에는 곰들이 번갈아가며 우리 일행을 응시하고 있었다.

산허리를 가로질러 산 아래를 내려오는 길이 아슬아슬했다. 산 아래는 수천 길의 낭떠러지이고 그 사이사이에는 시냇물이 졸졸 흐르다 절벽에서는 주저 없이 방울방울 쪼개져 조그마한 폭포가 되어 떨어진다. 한참 지나서야 정신 차리고 나면 또 다시 재잘거리며 그 길이 어디인지 얼마인지도 모르며 흘러간다. 로키 산맥에 걸쳐 있는 국립공원으로 손색이 없을 정도로 포용력과 스릴의 맛을 보게 하는 산이었다.

산 아래쪽에는 사람 키만큼이나 쭉쭉 뻗은 미송과 우거진 숲, 아낌없이 흐르는 물줄기들 보기만 해도 배가 불러온다. 원룸 형식의 통나무집에서 하루를 묵어 이 공원의 정기를 맛보게 되었다. 가정집 같은 이 집이 오늘 밤만은

아내와 함께하는 우리 집이어서 좋다. 이 호텔도 앞쪽에는 잔디밭이, 뒤쪽에는 호수가 펼쳐져 있어 고요하기도 하고 적막하기도 하고 평화롭기도 했다. 호수에는 보트, 수상스키, 수영을 즐기려는 사람들이 너무나 즐거운 나머지 어쩔할 바를 몰라 했다. 여기는 다른 호수보다 물이 따뜻한 편인데, 투명한 물속 조약돌과 이리저리 유영하는 물고기들을 보며 물속으로 뛰어들지 않을 수 없었다. 그냥 있는 것은 섭섭할 것 같아 발만 담그는 것으로 서운함을 달랬지만 이 맛은 영원히 지워지지 않을 것만 같았다.

글레이셔의 향기

글레이셔 국립공원은 어느 것 하나 꾸밈이 없는 자연 그대로인 것이 30여 년이 지난 지금도 어려울 때나 즐거울 때나 그곳이 나를 부르고 있었다. 모든 근심 걱정을 잊게 하고 오직 자연의 모습만을 보게 하는 그런 산이었다.

상쾌한 공기가 사람을 부르고 여름까지 남아 있는 얼음 조각들이 더위에 지친 나를 유혹했다. 태평양을 건너간 바람결에 나의 안부를 들었는지 나에게 그때 그 향기를 건네주었다.

향긋함을 아끼지 않은 나무집이 우리를 기다리고 있었다. 그 방 안에 풍겨 나오는 향기는 은은하면서도 우아하고 톡톡 튀는듯 보이면서도 천박하지 않았다. 이 향기가 마음 속 짐을 가볍게 해 주고 보드라운 살결로 감싸 안아 주었다. 시멘트 벽에다 화학 제품의 벽지를 화학 풀로 붙여 놓은 데서 스며 나오는 차가운 냄새로는 감히 흉내 낼 수 없는 향기를 가졌다. 한두 해 만에 만들어지기 어려운, 말 그대로 농익은 향기였다.

은은하면서도 품격이 있고 여기에 깊은 맛이 더해지니 자연히 찾는 사람의 마음을 더욱 편안하게 해 주었다. 이런 향기의 맛은 끝이 없었다. 보고 싶어 해도 그 끝을 보여 주지 않았다. 이와 같이 뽐내지 않는 은은한 향기가 글레이서 국립공원의 품격을 더욱더 높여 주는 듯했다.

필요한 것이 다 있으면서도 너저분한 것이 없고, 친절하면서도 수다스럽지 않고, 말은 많이 하면서도 거짓을 말하지 않는다. 이런 산의 마음이 나를 부르고 있다. 호텔이라고 해야 나무 높이 정도지만 거리마다 가꾸어 놓은 풀잎 사이에서 비집고 나오는 향기는 찾아오는 사람의 발걸음을 느리게 느리게 했다.

굽이굽이 물이 흘러가듯이 이 계곡 저 계곡 사이로 차가 움직여 가지만 어느 곳 하나 버릴 것 없는 맑은 경치였다. 곰이 나타나 사람이 가는 것을 눈여겨보기도 하지만 도망을 가려는 생각조차 하지 않았다. 다만 사람의 행렬에 혼을 빼 놓고 볼 뿐이다.

곰조차도 이곳을 지나다니는 사람을 믿었다. 그러니 경계의 눈을 보낼 까닭이 전혀 없었다. 이런 광경을 보고

"서로 믿고 사는 것이 이만큼 중요하구나."

하면서 일행과 이야기를 나누었다. 다른 사람이 말했다.

"믿음이란 아주 중요하지. 특히 사람과 사람 사이의 믿음은 그 무엇과 바꿀 수 없는 귀중한 재산이지."

하면서 맞장구를 쳐줬다.

"야, 사람과 야생동물이 이런 정도로 신뢰를 쌓아가는 것을 보니 다시 오고 싶은 곳이다. 그렇지."

산 정상에서 조금 더 아래쪽으로 내려가다가 술에 취한 건장한 사람을 보았다.

"저 사람은 미국 사람 같지 않은데 누구입니까."

하고 같이 간 미국 관광객에게 물어 보았다.

"그 사람은 인디언 보호구역에 사는 사람인데 하는 일 없이 술만 마셔대지요."

라고 말했다. 인디언 보호구역이라는 말을 잘못 들은 듯해서 다시 물어 보았다.

"인디언이면 사람인데 사람 보호구역이란 말인가요?"

"예, 그렇습니다."

들을수록 황당했다. 인디언들은 자기의 삶의 터전을 무력으로 빼앗긴 다음에 자기 나라 건설의 꿈은 엄두도내지 못했다. 하는 수 없이 산허리 어느 한 부분에 있는 인디언 보호구역에서 살아가는 것이다. 그들은 관광객이나 오면 수공예품을 만들어 파는 수입으로 살아가는 듯했다. 어떻게 보면 봐주는 것같이 보이지만 어떻게 보면 미래를 준비하지 않은 삶의 모습을 보는 것 같아 씁쓸한 마음을 지울 수가 없었다.

멀쩡한 자기 땅 빼앗기고도 어디다 하소연조차 못하는 마음에 울화통까지 겹쳐 술만 마셔대는 것이다. 그리고 비틀거리는 것이다. 인디언 말인듯

알아들을 수 없는 말로 뭐라 말을 건다. 그의 행동이나 눈빛으로 보아,
 "침략자들아! 너희들 땅으로 물러가거라."
라는 말은 아니었을까.

 물방울이 떨어지는 낭떠러지를 보고 '귀여운 폭포'라는 너스레를 떨어가면서 한 손으로 곡예 운전을 하던 안내원이 밉지만은 않았다. 아마 그곳의 향긋한 공기가 나의 마음을 가라앉혀 주어서 그랬을 것이다.

 글레이셔 공원에는 많은 호수가 있지만 사람에 의해 버려지는 어떤 것도 받아주지 않았다. 글레이셔 공원은 하늘의 맑고 투명한 공간에게만 자리를 양보할 뿐이다. 빈자리에는 야생초들의 향기가 폐부 깊숙한 곳까지 파고 들어가 지금도 나오려 들지 않는다. 그런 향기가 요사이는 나를 깨워 애먹이고 있다. 그 향기는 어느 누구라 할 것 없이 보기만 하면 유혹을 하고 있을 듯했다.

모르몬교의 성지, 솔트레이크시티
SALT LAKE CITY

솔트레이크시티를 두 번 방문했다. 한 번은 옐로우스톤을 가기 위해, 다른 한 번은 유타에 산재해 있는 캐니언과 모뉴먼트를 구경하기 위해서였다. 이곳 관광은 렌터카로 움직였다. 차를 반납하면서 렌터카 직원에게 템플스퀘어 가는 길을 물었다. 그 직원은 바로 앞에서 기다리면 버스가 온다고 했다. 벤치에 앉아서 그 버스가 오기를 기다리고 있는데 한 사람이 다가와서
"템플스퀘어에 가신다고 했지요?"
"예."
"여기서 거기까지 가는 지도가 있습니다. 여기가 템플스퀘어이니 여기서 내려 5분 정도 걸어가면 됩니다."
지도를 가리키며 친절하게 설명해 주었다.
"예, 고맙습니다."
사실 그 지도는 렌터카 사무실에서 한 장 가져왔다. 그런데도 그 사람은 내가 직원과 하는 이야기를 듣고, 외국 사람이고 해서 확실하게 알려 주려는 의도인 듯했다. 이런 친절한 사람들 때문에 한 번도 가보지 않은 곳이지만 아무런 불편 없이 여행할 수가 있었다.
솔트레이크시티는 유목민이었던 유트[Ute] 족이 살던 땅에, 종교적 박해를 피해 이주해 온 모르몬교도들이 1847년에 세운 도시이다. 시내 한 가운데에

보르몬교의 교회.

는 템플스퀘어가 있다. 템플스퀘어 안에는 19세기식 모르몬교 건물, 역사전시장, 모르몬교의 본부 솔트레이크 템플, 화강암의 교회 · 시계탑 · 시청 청사 등의 옛 건축물이 그대로 남아 있다.

역사전시장에 들어서니 나이가 들어 보이는 남자 안내원이 있었다. 안에 들어서자 대뜸, "한국에서 왔습니까?" 하고 물었다.

"그렇습니다." 하는 대답이 떨어지기가 무섭게 한국어로 된 모르몬교 안내 책자와 한국인 안내원을 불러 주었다. 그 안내원은 모르몬교가 어떤 종교이라는 것을 성의껏 설명해 주었다. 그 다음에는 지하층부터 차례로 모르몬교가 탄생한 과정을 관람했다.

이곳을 나와서 예배당 앞으로 갔다. 교회 앞에서는 전자오르간 독주회를 관람하라고 신도들을 끌어당겼다.

"좋습니다. 한 번 보지요."라는 말을 남기고 태버나클^{Tabernacle} 안으로 들어갔다.

이미 많은 사람들이 연주가 시작하기를 기다리고 있었다. 태버나클 정면에는 1875년 완공된, 1만 개가 넘는 파이프로 구성된 오르간이 위풍당당하게 서 있었다. 그 무대에서 전자오르간 독주회를 한다고 한다. 연주회 감상을 마치고 템플 내를 둘러보았다. 분수며 교회며 넘쳐나는 꽃향기이며 웨딩 촬영 모습들이며 어느 것 하나 마음을 들뜨게 하지 않는 것이 없었다. 경내이니 마음을 좀 가다듬어 보려했지만 그렇게 되질 않았다. 이곳에 머무는 동안은 종교를 떠나 저녁 시간마다 꽃향기를 마셔가며 이곳을 산책했다. 이튿날 주청을 구경을 하고 유타대학을 거쳐 산 위로 올라가 보았다. 다운타운에는 사람들이 살기 힘든 모습이 배어 있는데 비해 이곳은 정반대로 사람이 살고 싶어 하는 별천지의 한 장면을 보는 것 같았다. 확 트인 전망에 펼쳐진 정원, 그림 같은 집들, 동화에나 나올 법한 도원 같은 동네였다.

이곳에서 내려다보는 솔트레이크시티 시내는 다운타운의 몇몇 빌딩을 제외하고는 나무숲으로 뒤덮여 있었다. 이런 덕에 차들의 행렬이 끊이지 않지만 공기는 매우 맑았다. 그것은 이 나무들이 공기를 정화시켜주기 때문일 것이다.

솔트레이크시티 근처에 그레이트 솔트 호$^{Great Salt Lake}$가 있다. 그 면적은 자그마치 5,000제곱킬로미터가 넘는다고 한다. 사실 솔트레이크의 섬 꼭대기에서 보면 솔트레이크 건너 한 쪽은 눈이 쌓인 높다란 산이 보이고 다른 한 쪽은 솔트레이크의 수평선만이 보일 정도였다. 크기에 놀랐지만 물의 소금 농도가 바다보다 더 높다는 것에 더 놀랐다.

이 호수에 담긴 물은 고인 물이라 그런지 물에서 심한 악취가 났다. 갈대가 좀 있어 좋다 싶은 곳에는 모기들이 우글거렸다. 주변 경관에 매혹되어 그 안에 혹여 들어가기라도 할라치면 주거침입으로 간주해 집중 공격이라도 하겠다는 듯해 보였다.

태버나클(Tabernacle). 10,814개의 파이프로 된 오르간이 앞에 보인나.

아치스 국립공원
ARCHES NATIONAL PARK

    모압^{Moab}에 있는 실버 세이지 인에서 하룻밤을 지내고 공원으로 향했다. 공원은 여관에서 승용차로 10분 정도 가면 되는 가까운 거리에 있었다.
    아치스 국립공원 안에 막 들어서자마자 아직은 다듬어지지 않은 황토색의 조각품과 조각품을 만들기 위해 갖다 놓은 작품 소재 같기도 한 돌들이 군데군데 놓여 있었다.
    승용차가 섰던 흔적이 있는 곳에 차를 세워 놓고 사막에 어렵사리 자라고 있는 세이지$^{sage, 꿀풀과의 여러해살이풀 이름, 샐비어}$를 파인더 바닥에 깔아 넣고 모뉴먼트^{Monument}의 자태를 사진에 담았다.
    사막 위에 솟아 오른 왕궁에 깃발을 세워도 될 정도의 깃대, 사람을 세워 놓듯이 솟아있는 돌기둥들, 자연은 수억 년에 걸쳐 매일 조금씩 꾸준히 볼품없는 돌조각을 다듬어 왔다. 돌기둥들은 느리지만 아주 조금씩 꾸준히 행하는 것이 성급하게 하다 그만두는 것보다 낫다는 교훈을 가르쳐 준다. 느림의 미학을 실천해도 사람의 마음을 감동시킬 수 있다는 것을 보여 준다. 눈, 비, 바람, 햇빛은 자연을 섬세하게 조각하는 도구이다.
    부드러운 햇살에 붉게 물들어오는 모뉴먼트, 황토 빛 흙속에서 힘들게 연명하듯 보이는 세이지의 강한 생명력에 감동하면서 하루하루를 실아간다. 가끔가다 운 좋은 닐이면 하루의 빛을 막아주는 봉 뜬 구름에 더위를 식히

바위 언덕과 세이지.

아치스의 모뉴먼트.

며 활짝 웃는 세이지들이 보인다. 가뭄에 견딘 몇 안 되는 들풀만이 기지개를 켜가며 고난의 길을 꿋꿋하게 걸어 온 것에 보람을 느낀다.

이따금씩 도마뱀이 들풀 사이를 활보하고 까마귀 같은 검은 새가 창공을 오고가면서 사람들이 무엇이라도 버리고 가지는 않을까, 눈치를 보는 듯 깍깍 소리를 낸다. 무얼 좀 남겨 놓으라는 말처럼 들렸다. 인디언들은 이 새들의 위로를 받았음직 했다. 반지하 방에서 기어 나오지만 이곳에서 나 혼자가 아니다, 라는 공존의 의미를 깨닫게도 했다.

염천이 아치를 다듬고 이곳에 의미를 새기고 있기는 하지만 이곳을 찾는 사람은 땀과 왕모래를 뒤집어써야 했다. 석양의 사막에 우뚝 솟은 아치의 뒷벽 쪽에서 염천의 하늘을 식혀 주는 서늘한 바람이 몰려왔다.

자연은 무슨 힘으로 대지의 모양까지 바꾸어 놓는 것인가. 그것도 빠르지 않으면서도 꾸준히 바꾸어 놓는 이유는 무엇일까? 자연은 역동적인 아치와 같이 높낮음의 악기로 흐름과 정지를 이어지게 하여 자연이 살아 있음을 말해 주었다. 지금 자연은 자연의 세계를 변화시켜 역동적인 자연의 공간을 만들고 있다고 생각하는 듯하다.

흐름과 정지, 일과 휴식은 삶의 고저를 만든다. 구름은 비를 만들어 나무와 풀을 자라게 하여 자연의 고저를 만든다. 나무와 풀은 지방, 탄수화물, 단백질을 만들어 사람을 움직이게 하고 동물들을 살찌우게 한다.

계곡으로 흐르는 물은 자기 에너지를 이용해 길을 가로막는 장애물을 헤쳐 가며 새 길을 만들고 계곡을 더 넓고 깊게 만들어 가기도 한다. 그래서 아치를 만드는데 일조하기도 하고 그 주변의 생명체들을 번성하게 하여 평면의 사막을 입체로 표현해내기도 한다.

생명체들은 자기의 먹을거리가 적을 때는 몸짓을 작게 하여 에너지의 소비를 줄이는 노력을 한다. 그래서인지 사막의 다람쥐들은 그 크기기 이담했다. 관광지의 새들은 사람 곁으로 와서 먹이를 달라고 기웃거리기도 하고 어떤 새는 손에 들려져 있는 것 까지 빼앗아 먹기도 한다.
  이곳의 생명체들은 높낮음의 흐름에 따라 역동적으로 살아가고 있었다. 살기 좋은 동네는 역동성이 넘치는 삶의 고저가 있다. 행복함은 불행함을 맛본 사람만이 그 가치를 알게 되고 행복함을 위해 준비하고 노력하게 된다. 행복함만을 누리고 산 사람은 그 행복의 가치가 어떤 것인지를 모르고 맛없는 삶을 살아가게 된다. 삶, 그것도 고저가 있을 때 나만의 존재 가치를 알게 되고 시적 역동성을 가진 삶을 꾸려 나가게 된다. 노래에도 음의 고저가 있어 활성이 있는 것이다.

흠결 사이에 수북이 쌓인 찌꺼기들
나이테 틈새에 끼어
심신의 풍선처럼 부풀어 말이 많다

나이테 사이에 새겨진 이야기
하고 또 하고

안한다고 다짐을 하면서도
또 날이 바뀌면

그 다짐은 온데간데없고

나이테에서 같은 말이 쏟아진다.
식구 하나하나 떠나가고
자기 차례가 다가왔을 때
키 잃은 배 마냥
갈피를 잡지 못하는 사색들

헐떡대며 나뒹군다

아치스의 길. 사람이 서 있는 것으로 견주어 볼 때 주변의 바위가 얼마나 웅장한지 짐작할 수 있다.

브라이스캐니언
BRYCE CANYON

계단식 원형 분지인 브라이스캐니언에는 하양, 오렌지, 노랑 빛깔의 돌과 흙으로 만들어진 수만 개의 돌기둥이 있다.

레드캐니언에서 몇 개의 붉은 돌기둥이 솟아올랐던 것에 비하면 그 수가 엄청나게 많고 모양 또한 다양하다. 석회석이 많은 부분은 하양을 띠기는 하지만 붉은색과의 조화로 돌기둥을 입체적으로 표현하기도 한다. 해발 2,500여 미터에서 바라보는 핑크빛의 바위 봉우리는 내려다보는 풍경이라 그 크기에 비해 아주 작게 보였다.

신이 하나하나 조각해 놓은 붉은 돌기둥의 그 자태, 어쩌면 이리도 다양할까. 어떤 돌기둥은 붉은 머리를 만들려고 커다란 돌덩이를 올려놓았는가 하면, 어떤 돌기둥은 흰 모자를 씌워 품위를 나타내려는 듯했다. 자연이 가진 감성의 끝은 어디까지 이기에 이리도 천의 얼굴을 가진 돌기둥을 만들 수 있었을까, 정말 자연이 만든 것인가 의심하지 않을 수 없다.

그래서 신이 존재하느냐고 묻는다면 그렇다고 대답할 수밖에 없게 하는 브라이스캐니언의 돌기둥, 그 형상들에서 그간 이곳에서 살다 간 영혼들의 숨결이 느껴졌다. 하나같이 웅장하면서도 섬세하게 다듬어진 돌기둥에는 빼곡히 새겨진 이력의 흔적들이 보였다. 덕지덕지하게 분칠하지 않은 은은함에서 혼을 가진 돌기둥의 기품이 배어 나왔.

철이 산화되어 만들어진 붉은 톤이긴 하지만, 물감을 조화롭게 배치하여 어둠침침한 톤의 돌기둥을 자연의 붓으로 밝게 표현한 듯했다. 초록빛으로는 생명을 이야기하고 붉은색 톤으로는 정열적으로 보이게 하여 무거워진 마음을 가볍게 덜어 주었다.

브라이스캐니언은 '빛만 있어 보라. 그러면 난 언제나 화려할 테니, 그리

고 난 오늘에 머물러 있지 않고 매일매일 조금씩 변화하여 다음 세대에게는 또 다른 나를 보여줄 거다.'라고 외치는듯 보였다.

 어떤 돌기둥은 목을 만들어 사람의 형상을 하고 있다가 실수해 목 부분이 떨어져나가면 다시 머리를 만드는 일을 계속하는 끈기를 보여 주기도 했다. 브라이스캐니언은 수많은 군중들이 우뚝 서서 자연의 아름다움을 합창하고 있는 듯 우렁차 보였다.

 돌기둥들의 합창이 끝나고서야 사람들은 조금씩 돌기둥 곁으로 다가가 그들과 함께 담소를 나누었다. 내려다보았을 때 아주 겸손하게 보였던 돌기둥의 모습은 온데간데없고 개성이 넘치는 돌기둥이 되어 가슴에 다가섰다. 나는 주빈이고 너는 하나의 배경일 뿐이라고 서로 다투는 돌기둥들 사이에서, 온전히 견디며 옳게 감상하려면 이 기둥에도 저 기둥에도 눈길을 골고루 챙겨주어야 했다.

그랜드캐니언이 회화적으로 새겨 넣은 벽화라면 브라이스캐니언은 조각품을 만들어 세워 놓은 듯한 느낌이다. 그랜드캐니언이 음각의 표현이라면 브라이스캐니언은 양각으로 표현한 조각 작품같아 보였다. 둘 다 마음 속에서 탄성이 우러나왔다. 그 탄성이 그랜드캐니언이 테너의 음색이라면 브라이스캐니언은 소프라노와 같은 음인 것만을 제외하고는 말이다.

붉은 돌에서 밀려난
부스러기들을
주저앉히려 해보지만

힘에 부쳐
앙상한 뼈마디만
남기고 간 향나무들

제대로 기 한번
펼쳐보지 못한
세이지
그리고 그 잎사귀들

날씬해져가는
돌기둥의 끝 얼굴에
그늘이라도
만들어질까 봐
나지막이 서서 바람과 속삭이고 있다

캐니언 속 캐니언, 캐니언랜즈

프라이스^{Price}에서 승용차로 1시간 조금 더 걸려 데드 호스 포인트 유타 주 립공원^{Dead Horse Point State Park}에 도착했다. 차를 타면서 보는 캐니언의 갈색 바 위의 경치가 아기자기했다. 계곡 사이로 흐르는 콜로라도 강의 물빛은 녹색 이었다. 지층인 듯해 보이는 검정 띠를 두른 모뉴먼트에는 어지간한 정도면 살만도 할 텐데 그 어느 구석에서도 세이지는 보이지 않았다.

수억 년은 넘었을 법한 물 흐름으로 만들어 놓은 작품.

회돌이와 그 주위에 흐르는 옥색의 물, 그 위에 비친 반영은 물이 흘러가 는데도 그 자리에서 사람의 시선을 붙들어 놓고 있었다. 여기에 물 흐름까 지 막아보려고 안간힘을 써보지만 내리쬐는 사막의 열사의 땀은 데드 호스 포인트 계곡에 내를 이루어 흐르고 있었다. 이 흐름은 아직도 미완의 회돌 이와 탑을 다듬고 있었다. 탑의 길이가 너무나 길어 어떻게 보면 기차 같기 도 하고 어떻게 보면 몇 층짜리 아파트 모양같기도 했다.

공원 한쪽에는 내려쬐는 열에 증발하는 수증기를 이용해 전기를 만드는 곳도 있었다. 나무가 타면서 필연적으로 발생하는 탄산가스의 온실효과 때 문에 지구가 뜨거워지고 있다. 이것을 해결하기 위해서 지금 이 공원의 한 공간에서는 태양에너지를 전기에너지로 바꾸는 연구를 하고 있다. 발전소 에서부터 전기를 운반해 오려면 만만찮은 전봇대와 전선이 필요해 풍광을 가로막기도 하지만 무수히 많은 아름드리나무가 죽어야 한다. 데워진 몇 평 안 되는 방을 에어컨으로 식혀본들 그 열이 어디로 가겠는가. 에어컨이 돌아가는 열까지 보태져서 창문 밖에 그대로 쌓일 뿐이다. 둑을 막아 강물이 범람하지 못하게 하는 형국이다.

　데드 호스 포인트 주립공원에서 승용차로 20분 거리에 드넓은 캐니언랜즈 국립공원 Canyonlands National Park이 있다. 데드 호스 포인트 공원과 같이 아기자기한 맛은 없지만 캐니언 속에 조그마한 캐니언을 만들고 그 안에 모뉴먼트를 만드는 작업이 한창이다. 아직은 캐니언의 곳곳에 있어야 할 내부 장식이 없어 썰렁한 느낌마저 들었다. 지금 선보이고 있는 것은 넓게 펼쳐진 캐니언의 터에 웅장한 몸집에 진한 갈색의 옷을 입은 돌기둥뿐이었다.

　변화성이 적은 캐니언랜즈, 지금까진 절벽 중간 중간에 포인트를 주는 정도였다. 캐니언은 하얀색 바탕에 진한 갈색 톤의 물감으로 짓이겨 칠하고 있었다. 오가는 사람이 실망하지 않도록 급한 대로 브리지도 만들어 놓고

유타의 데드 호스 포인트 주립공원에 흐르는 콜라라도 강의 물빛은 녹색이었다.

그곳에 올라가서 아직은 좀 부족하지만 모뉴먼트를 보아달라고 애교를 부리는 듯했다.

곳곳에 힘겹게 이별의 아픔을 쏟아내느라 입에 거품을 물고 수다를 떠는 세이지들은 사철의 나이테가 선명해서인지 할 말이 많아 보였다. 떠나려는 사람의 발길을 놓아주지 않으려 몸을 흔들어가며 애교를 부리는 모습이 애달파 보이기까지 했다.

이글거리는 사막 위 하이웨이의 아스팔트를 지나가던 바람까지 열에 녹아 흐느적거리며 아롱거리는 공기 방울, 이따금씩 스쳐가는 차창에 부딪혀 미끄러져 내리기도 했다. 끓어오르는 사막의 열에 피서를 떠난 들풀들, 듬성듬성 자리를 잡고 있는 향나무들만이 세이지들의 고독을 달래려는듯 머리를 숙이고 있었다. 스쳐지나가는 바람의 음률에도 표정이 없던 세이지들

캐니언의 언덕.

이 아는 체라도 하려는 듯 옷자락을 움켜잡기도 했다. 어떤 세이지는 고독의 맛이 어떤 것인지를 말하고 싶어 몸짓을 해가며 지나가는 사람을 유혹하기도 했다. 이글거리는 태양 속에서 물 한 모금이 아쉬운 이런 공원 벌판에서 사는 삶이 얼마나 힘에 겨운지를 말이라도 하려는 듯 어떤 세이지는 고개를 떨구고 있었다. 그런 조건에서도 세이지는 삶의 끈을 놓지 않겠다는 결심 때문인지 해질녘에는 어김없이 고개를 빳빳이 세웠다.

시꺼멓게 몰려드는 구름은 세이지들에게 내리는 정적을 걷어내 주었다. 해질녘이 다가오자 고요 속에 내려앉은 외로움을 깨우기라도 하려는 듯 까마귀가 창공을 몇 번 선회하다가 어디론가로 사라졌다. 모뉴먼트의 긴 그림자가 황량한 벌판에 드리우는 시간, 먹구름에 가려졌던 별들이 하나씩 보이기 시작했다.

캐니언에는 식물이 보이지 않는다.

↑ 캐니언랜즈 전경.
→ 캐니언랜즈 전망대 가는 길.
→→ 캐니언의 뜨거운 햇볕에서도 세이지는 사막에 뿌리를 내려 살고 있다.

캐니언 속의 캐니언. 자연의 장엄함을 새삼 느낄 수 있다.

인디언의 땅, 나바호 모뉴먼트 밸리
MONUMENT VALLEY NAVAJO TRIBAL PARK

　나바호^{Navajo} 모뉴먼트는 적색사암인 메사^{mesas}가 오천만 년의 긴 세월 동안 눈, 비, 바람에도 깎이지 않고 견뎌온 바위 언덕이다. 이 언덕이 기념비 모양과 같다고 해서 붙여진 이름이 바로 모뉴먼트이다. 주위의 모든 것은 무너져 내려앉았지만 외롭게 솟아오른 바위 산, 넓은 계곡에 구성미를 더하느라 적당한 거리를 두고 마주 서 있는 그 산 언덕이 기념비가 되어 나바호 공원을 지키고 있다.

　이 모뉴먼트는 거침없이 불어대는 바람과 영하 3도에서 영상 35도를 넘나드는 기온의 변화에도 홀로 견뎌야했다. 그런 고난의 과정을 거치고 난 이 기념비는 머리를 누구에게도 내어 주지 않는 신성한 모뉴먼트로서의 자리를 굳혀가고 있다. 고고하게 서 있는 모뉴먼트의 모습, 그게 너무나 당당하여 자기들을 돌보아줄 거라 믿는 나바호족 인디언들은 지금도 이곳에 둥지를 틀고 있다.

　모뉴먼트는 그 모양이 각기 달라 어느 위치에서 보아도 지루하지 않는 변화무쌍한 모습으로 사람들에게 다가오곤 한다. 그리고 모뉴먼트는 안정된 마음을 뒤흔들었다 다시 평온으로 가게 하는 역동적인 힘까지 가지고 있다. 이것은 각기 다른 개성을 가진 십여 개의 크고 작은 모뉴먼트가 발산하는 에너지에 기인한 것이라 할 수 있다.

이 작품들은 서로 교감하면서 휑하게 보일 밸리에 조형미를 갖추어 짜임새 있는 그림을 보여 주기도 한다. 흔들리는 마음을 가진 사람이 이곳에 올 때면 푸근한 마음을 가지고 돌아가도록 따뜻한 정을 베풀기도 한다.

모뉴먼트의 배경에 따라 서사적이던 풍광이 서정적으로 바뀌는 마력을 가지기도 했다. 이런 광경에 빠지게 되면 내가 누구인지, 어디에서와 어디로 가야하는지 조차 까맣게 잊게도 된다. 높은 음에서 마음이 흔들리고 낮은 음에서 가라앉게 하는 교향곡처럼 리드미컬한 악보가 되기도 한다. 소리없이 음의 고저가 있는 모뉴먼트, 보는 사람의 마음을 웃겼다 울렸다 하곤 한다.

난 세월이 흐를수록 무디어가거늘
넌 어쩌면 세월이 흐를수록
칼날이 되어 가느냐

무엇이 너의 몸을 갈아 주길래
그리도 얇게 벼려졌더냐

하늘에 무슨 한이 맺혀 있기에
하늘을 향해
얇디얇은 송곳을 들이대고 서 있느냐

내리던 비도 갈라내고
몰려드는 바람까지 송곳에 꿰어
가던 길을
멈칫멈칫하게 하느냐

어금니를 갈아 송곳니라도 만드는 건가

몇 가지 허브를 제외하고는 자랄 수 없는 척박한 땅, 사막. 오순도순 이야기하며 따뜻한 정을 나눌 수 있는 나무 하나 없는 사막이지만, 들풀까지 하나둘 떠나 상처투성이 대머리가 되었지만, 모뉴먼트끼리는 사막에도 살만한 아름다움이 있다는 것을 이심전심으로 이야기하고 있다. 서로를 믿고 의지하면서 살아갈 수 있다는 것을 이야기하는 나바호의 모뉴먼트에게서 인디언들이 왜 척박한 이곳을 버리지 못하는지 짐작이 갔다.

바람이 벼리고 비가 갈아 주어 뚱뚱하던 몸집이 날씬해진 미륵이 되어 흘러가는 비바람까지 망설임 없이 안아 주는 모뉴먼트로서 우뚝 서 있었다.

나바호 공원의 사막에 소나기가 내린다. 앞이 보이지 않을 만큼, 모뉴먼트를 단련시키기라도 하려는 듯 쏟아진다. 시커먼 하늘에서 이따금씩 내리는 빛줄기에 모뉴먼트는 믿는 구석이라도 있는지 목욕만을 즐길 뿐이다.

석양의 빛줄기가 그쳤다. 그리고는 쌍무지개를 만들기 시작했다. 마치 건너편에 서 있는 '너'와 '나'를 이어주는 오작교처럼, 소나기 내리는 날 구름 사이에 숨어 이산 저산을 이어주는 육교처럼, 눈을 감고나면 다가오는 어둠이 하늘의 마음을 이어주는 이심전심처럼, 너의 보고픔이 시냇물처럼, 그리고 바다에서 함께 출렁이며 노니는 파도처럼, 너와 나 사이에 드리워진 불연속의 계곡을 이어주는 그리움처럼 출렁거려가며 이야기를 하고 있었다.

황토 바닥 빗물이 내를 이룬 희미한 흔적 위로 세이지는 겨우겨우 초록빛을 유지하며 붙어 있었다. 나바호 인디언들은 세이지들을 벗 삼으며 모뉴먼트 사이사이에서 말을 키우고 노점상에서 번 수익금으로 살아 가고 있었다. 어떤 인디언은 말로, 차로 관광객들에게 공원 투어를 해 주기도 했다.

인디언들은 적의 공격을 받으면서도 이곳을 지금까지 지키고 있었던 것은 아마도 모뉴먼트가 가진 출렁거림의 조화가 자신들과 함께 해 줄 거라는 믿음 때문이었을 것이다. 그래서인지 인디언들은 오늘도 모뉴먼트 그늘에서 편히 숨쉬고 있었다.

사막에 우뚝 선
인디언의 이정표이던

길 잃은 인디언을 모이게 하던

인디언들의 깃발, 모뉴먼트

눈비바람을 막아주는
모뉴먼트 밑자락
토굴 움막 한 채 지어
살던 인디언

묵직하게 퍼덕이는
이정표 깃발 아래
깊은 숨을 내 쉰다

이스트 미트 뷰트와 메릭 뷰트.

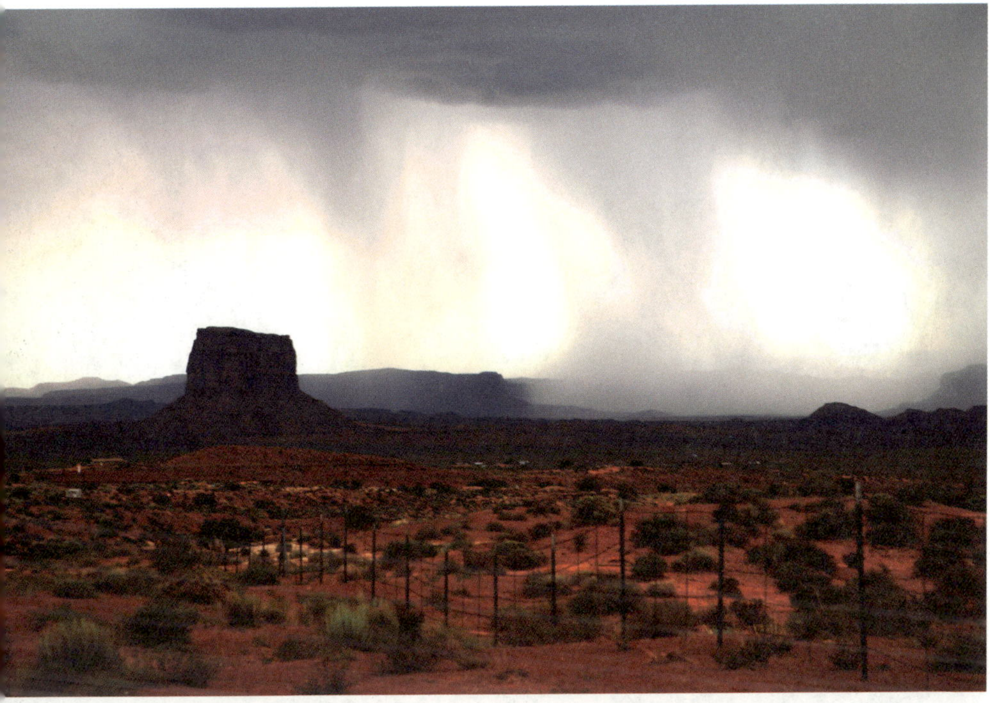

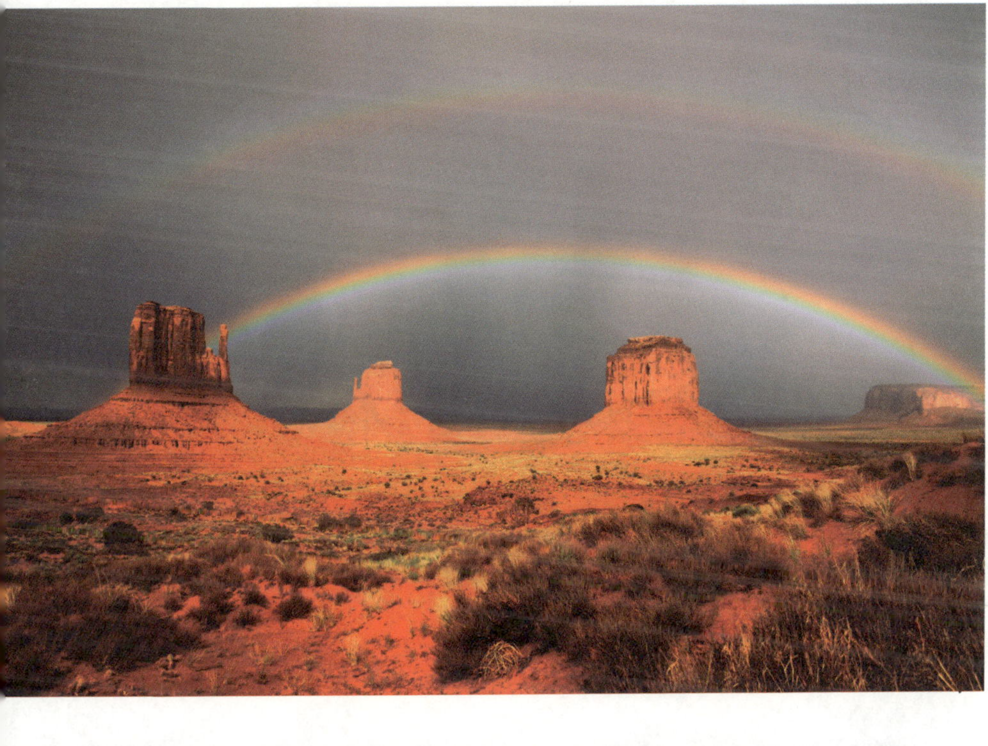

↑존 포드 포인트.
↓토템 폴.

↘세자매.

두 미튼 뷰트와 메리 뷰트.

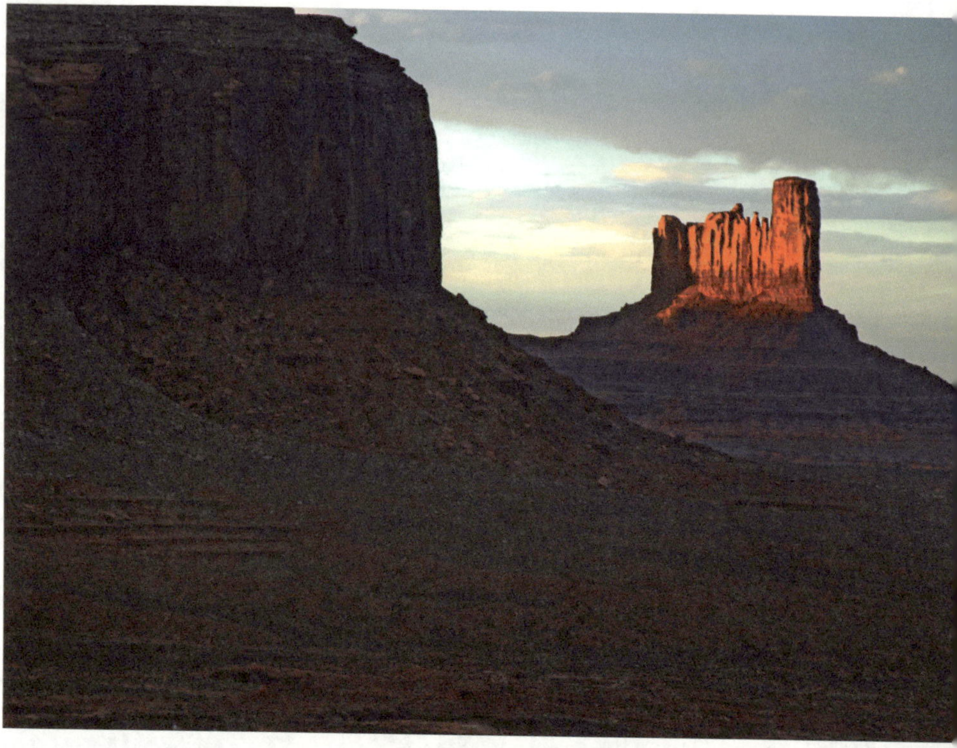

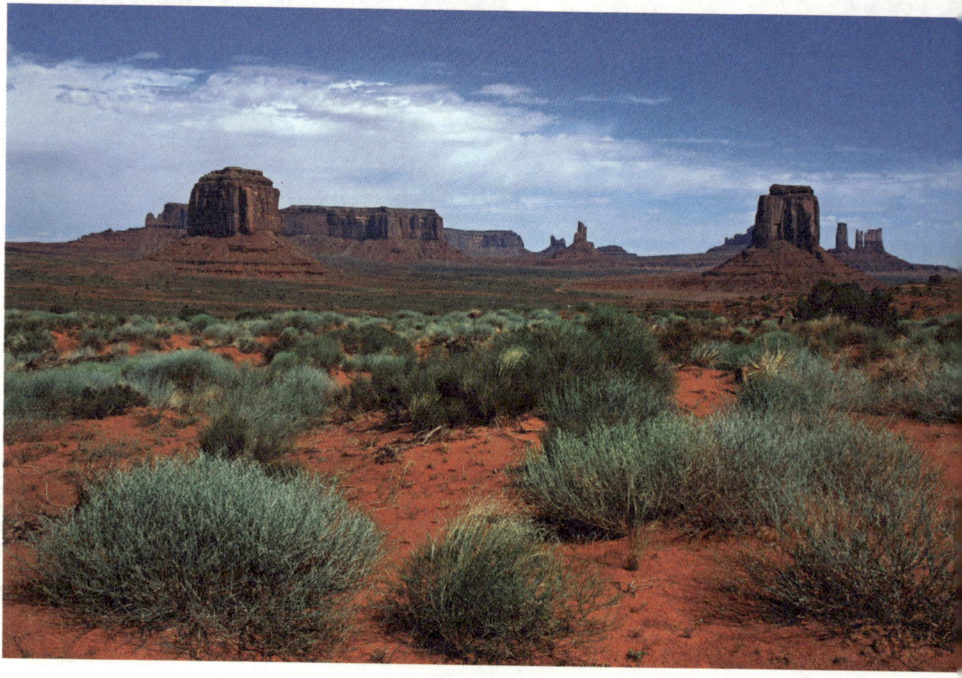

캐니언의 진수, 그랜드캐니언
GRAND CANYON

캔자스시티^{Kansas City}를 출발한 기차는 밤 12시쯤이 돼서야 목적지인 플래그스태프^{Flagstaff}에 도착했다. 열차에서 내려 두리번거려 보았다. 낯선 곳이라 조금은 당황했다.

관광지로 들어가는 입구이니 머릿속으로는 아주 큰 역일 거라 상상했다. 그래서 더 웨스턴 인이라는 여관까지 예약했는데 막상 기차에서 내려 역사에 들어서 보니 너무나 작은 것에 놀랐다. 역 광장이라고는 택시 몇 대만이 겨우 서 있을 뿐이었다. 칠흑 같은 어둠에 앞뒤 분간이 되지 않아 어떻게 해야 할지 몰라 두리번거리고 있을 때였다. 좀 나이가 들어 보이는 옐로우 캡 택시 기사 아저씨가 다가와 "어디까지 갑니까?" 하고 물었다. 예약한 숙소명을 대자 예약을 했는지 다시 묻는다. '이 늦은 시간에 택시라도 있으니 참 다행이구나' 생각을 하면서 그 아저씨의 택시를 탔다.

'차라리 예약을 하지 않았으면 역에서 가까운 여관이 많은데……' 하면서 기사는 혼잣말로 중얼거렸다. 한참을 달려 여관에 도착했다. 1층짜리 규모지만 내부는 깨끗했다. 1시가 넘었으니 잠잘 시간이 그리 많지 않았다.

아침 9시에 그레이라인^{Gray Line, 관광버스}을 타고 그랜드캐니언에 가야 했다. 자명종이 일어나라는 대로 아침 일찍 일어나 싸온 볶음고추장에 밥을 비벼 먹고 전날 예약한 택시를 타고 역 주변에 있는 그레이라인 주차장으로 갔다.

벌써 몇 사람이 타고 있었다. 출발 시간이 되니 지체없이 그랜드캐니언을 향해 떠났다.

8월의 이글거리는 햇볕은 사막의 모래까지 녹일 기세였다. 가끔가다 보이는 가시 돋친 선인장이 나무를 대신해 사막의 풍경을 지키고 있었다. 선인장은 평면으로 펼쳐진 2차원의 사막의 세계를 3차원의 공간으로 변신시켜 주었다. 가시 몸뚱아리는 야위어 가냘팠다.

끝이 보이지 않는 망망대해같이 탁 트인 사막을 보니 닫힌 마음까지 활짝 열렸다. 아무 것도 보이지 않는 사막이지만 드넓은 광야를 달리는 기분이란 스트레스가 야생마처럼 질주하며 달아나는 듯했다.

그레이라인으로 두어 시간 만에 그랜드캐니언에 닿았다. 학교 다닐 때 국어 교과서에 나온 기행문을 보고 한 번은 꼭 가보아야겠고 마음 먹었던 그곳을 직접 대면하는 순간이다.

버스에서 내려 한 100미터 정도를 걸으니 그리도 와 보고 싶었던 소위 캐니언이란 곳이 나타났다. 협곡이라는 말로 소개되는 캐니언, 붉은 양탄자를 깔아 놓은 듯했다.

그랜드캐니언은 크게 사우스림^{South Rim}과 노스림^{North Rim}으로 나뉜다. 길이 446킬로미터, 폭은 7~30킬로미터, 그 깊이가 자그마치 1.8킬로미터나 된다고 한다. 세계에서 가장 깊고 넓고 긴 협곡임에 틀림이 없어 보였다. 그 깊이에서 알 수 있듯이 날카롭게 깎아지른 듯한 절벽, 시루떡 같이 층층이 쌓인 색상과 조화를 이룬 단층들, 모뉴먼트를 만들려는지 곳곳에 솟아 오른 붉은색 톤의 바위들, 그 깊이에 비해 많이 흐르는 물은 아니었지만 고요히 흘

러가는 콜로라도 강의 푸른 물줄기가 캐니언을 조화롭게 꾸미고 있었다.
 어떤 때는 바위를 담금질하는 영하의 기온, 제멋대로 뻗은 바위를 다듬어 가는 눈비의 번득이는 칼날, 섬세하게 하나하나 조각하는 이슬, 아름다움을 끊임없이 연출하는 빛 구름 안개, 변화무쌍이 이런 거라고 말해 주는 생명을 가진 그랜드캐니언, 실로 위대한 자연의 대작이 아닐 수 없다.
 흘러가는 구름에 보이지 않던 저 건너편의 천연색 언덕이 푸르른 날일 때는 손끝에 닿을 듯 가까이 다가오는 신출귀몰한 모습에 탄성 소리로 귓전이 시끌벅적하는 듯했다. 말을 타고 가야 할 정도로 깊은 협곡이고 경비행기를 타고 둘러보아야 할 정도로 넓은 계곡이지만 석양이 조명처럼 비추일 때면 골짜기의 적벽은 음양각의 색채로 빛이 난다.
 구름으로 비바람으로 협곡이 가려질 땐, 아름답던 풍광을 또 보고 싶어 한없이 넋을 놓고 기다려 본다.

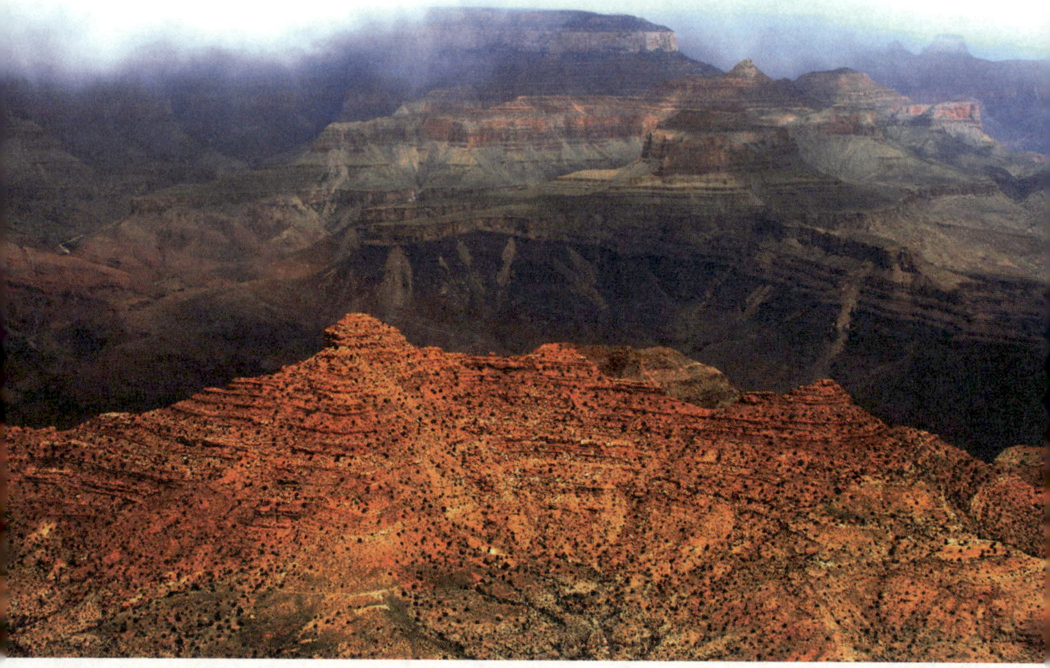

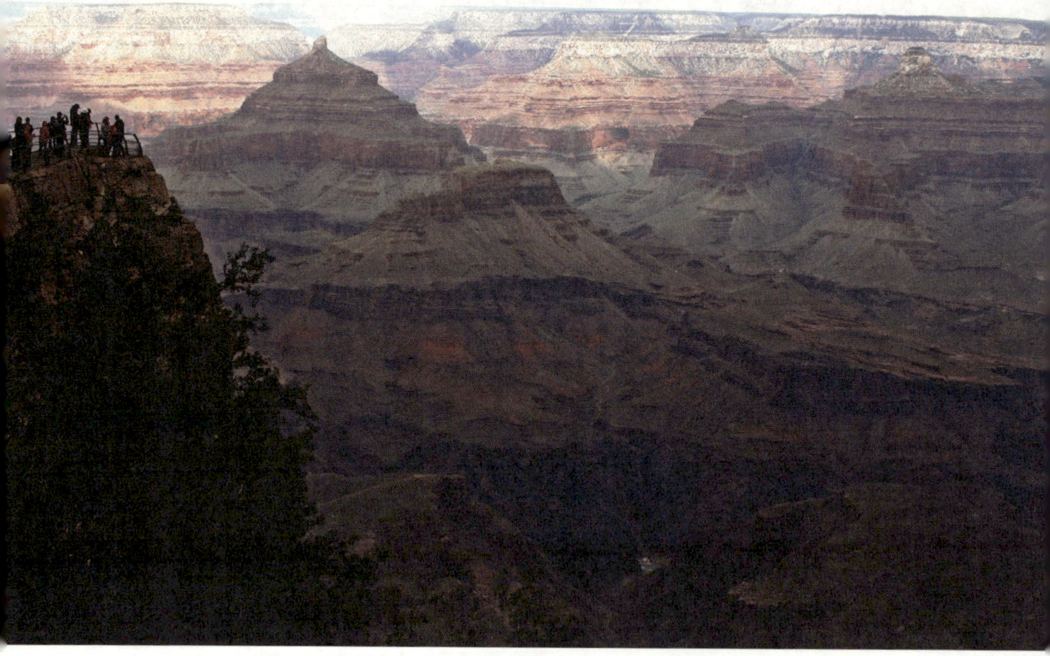

간헐천이 솟아오르는 옐로우스톤
YELLOWSTONE NATIONAL PARK

　옐로우스톤은 1872년에 미국 국립공원으로 지정되었다. 이 공원은 와이오밍, 아이다호, 몬태나 주에 걸쳐 있는 자연 공원으로 1988년 6월 14일 시작해 그해 9월 중순 눈이 내릴 때까지 산불이 났던 곳으로도 유명하다.
　화산재로 덮여 있는 미 서부 평원의 여름 풀들은 가뭄에 누렇게 말라가는데도 해발 1,900~2,370미터의 옐로우스톤만은 푸름이 남아 있었다. 아마도 가을에서 그 이듬해 봄까지 내린 눈이 서서히 녹으면서 옐로우스톤의 대지를 촉촉이 적셔 주어서 그런 모양이다.
　옐로우스톤의 아름다움은 불, 간헐천, 바람과 함께 소나무, 버펄로, 사슴이 만들어 가고 있었다. 간헐천은 사람을 모여들게 하고 버펄로는 차량의 물결을 멈추게 하며 사슴은 카메라 셔터를 누르게 했다.
　간헐천에서는 철분과 황화수소가 70도의 샘물에 섞여 뿜어져 나왔다. 이들 성분은 오랜 세월 동안 화학반응을 하여 대부분 노랑에서 붉은색 톤의 바위를 만들어가고 있었다. 간헐천에서 솟아오르는 물줄기는 서두르지 않으면서도 끈질기게 다랑논을 연상케 하는 형상을 만들어가고 있었다. 그 색깔은 얼어붙은 마음을 감동시킬 정도로 애잔하고 계조가 섬세했다.
　옐로우스톤 남쪽에 있는 올드페이스풀 Old Faithful Geyser 의 간헐천은 대략 70분 간격으로 물줄기를 50~60미터 높이까지 뿜어냈다. 가히 장관이다. 간헐천을 숨죽여 보던 관광객의 탄성이 입에서부터 절로 흘러나왔다. 이 광경을 지켜보도록 마련한 그 많은 관람석조차 모자랄 지경이었다.

머리는 어지럽고 마음은 두근거렸다. 숨이 차서 한발 한발 움직이는 것조차 고역이 아닐 수 없었다. 해발 2,250미터 쯤 되는 지역이니 고산증이 아닌가 하는 생각도 들었다. 그러는 사이 물줄기가 솟아올랐다. 사람마다 들려 있는 카메라의 셔터는 쉴 새 없이 움직였다. 비록 4분의 짧은 시간이었지만 자연의 힘이 어느 정도인지를 모두들 기록하고 싶었던 모양이다.

간헐천에서 솟아오르는 수증기는 지척에 있는 사람도 분간하지 못하도록 앞을 가로막아 섰다. 그간 기억하기조차 싫은 추억은 황의 냄새에 녹아 자연 속 어디엔가 삭여 들어간 듯했다. 부끄러워서 수증기로 가리거나 한 듯 보일락 말락 하던 계단식 바위가 나타나기 시작했다. 사람들의 발걸음이 멈추어 섰다. 세기조차 힘이 든 세월 동안 만들어진 계단은 사람이 살아가는 단계를 보여 주는 듯했다. 바닥에는 많은 선이 이리저리 얽혀 있어 사람 살이의 지도를 보는 것 같았고 간헐천을 한바퀴 돌며 풀을 뜯어 먹는 버펄로를 보면 그곳에 있는 사람도 자연의 한 일원임을 느끼게 했다.

옐로우스톤의 생태계를 유지시키고 만들어가는 것 중의 하나는 자연발화이다. 옐로우스톤의 소나무 종이 없어지지 않고 지금까지 있게 한 것도, 소나무에 해를 주는 곤충이나 병원균을 잡아먹는 것도 야생 불이다. 솔방울의 끈끈한 고분자 화합물에 갇혀 있어 누군가가 씨를 밖으로 튀어나오게 하지 않으면 싹을 틔울 수가 없는 것도 불 덕분에 튀어나오게 되는 것이다.

야생 불은 소나무를 태워 그 재가 새 세대의 어린 소나무에게 영양분이 되도록 해 주고, 햇빛을 가리던 무성한 나뭇가지를 태워 땅바닥에까지 햇볕이 잘 들게도 해 주었다. 자연발화는 이렇게 소나무를 멸종시키는 것이 아니라 새로운 소나무를 싹트게 하고 초원을 가꾸는 일을 했다. 그리고 야생불은 버펄로며 사슴, 곰들이 초원을 어슬렁거리게도 하고 풀벌레 노는 모습을 볼

자연발화로 타버린 나무 사이로 어린 소나무가 자라고 있다.

수 있게도 해 주었다.
　70도의 광천수를 분출하는 간헐천이 수없이 많은 옐로우스톤이지만 이곳에는 그 흔한 온천탕 하나 없다. 90달러의 호텔 방에도 욕실은 고사하고 화장실조차 따로 없었다. 자연을 보호하고 보존하기기 위해서는 인간의 불편함 정도는 당연하게 감수해야 했다.

↑ 철분과 황화수소가 샘물에 섞여 뿜어져 나와 오랜 세월 동안 화학반응을 일으켜 노랑에서 붉은색 톤의 바위를 만들어가고 있다. 마치 용암이 흐르는 듯 보인다.
→ 올드페이스풀의 간헐천은 가쁜 숨을 참았다가 한꺼번에 토해내는 듯하다.

간헐천에서 솟아오르는 수증기는 지척에 있는 사람도 분간하지 못하도록 앞을 가로 막아섰다.
그간 기억하기조차 싫은 추억은 황의 냄새에 녹아 자연 속 어디엔가 삭여 들어간 듯했다.

옐로우스톤, 희망과 절망 사이
YELLOWSTONE NATIONAL PARK

아침 햇살을 받아가면서 옐로우스톤 서부지역에서 올드페이스풀을 거쳐 남부 쪽에 있는 그랜드 티턴 국립공원을 향해 떠났다. 원래 공기가 상쾌한 지역이었지만 밤새 정화된 공기는 풀 내와 간헐천의 황 내가 함께 어우러져 옐로우스톤만이 가지는 특유의 향기를 만들어냈다.

올드페이스풀 부근에 왔을 즈음 간헐천에서 솟아오르는 수증기를 뒤로 한 넓은 들판에는 아직 잠에서 깨어나지 않은 버펄로가 누워 있었다.

이곳에는 언제 왔는지 올드페이스풀에서 하룻밤을 묵은 관광객들이 젊은 여 가이드의 설명을 듣고 있었다. 어쩐지 이곳은 한적하기도 하고 고요하기도 하고 평화롭기도 하고 마음을 둘만한 곳이기도 했다. 마음도 흥분되었다. 관광객들의 바로 옆으로 조심스럽게 다가가서 자연이 만들어가는 평화의 요소가 무엇인지를 외눈박이 어둠상자에 바삐 담아 넣었다.

두 번이나 지나쳤던 곳이지만 지나칠 때마다 새로운 느낌을 주었다. 무대는 같은데도 무대 위에 펼쳐지는 자연의 의미는 달랐다. 어떤 때는 버펄로가 나타나 먹을거리가 많음을 이야기 해 주었고 어떤 때는 사슴들이 나타나 한적한 마음을 갖게 해 주었다. 이른 아침 간헐천 증기의 춤사위는 지금 고요하다고 말해 주었다. 오늘 아침에는 나무 그늘을 기다랗게 늘어뜨려 주고 새하얀 구름이 두둥실 떠 놀고 있었다.

변화무쌍한 자연은 사람의 혼을 자주 빼앗아 간다. 혼을 잘못 놓아두었다간 도깨비 혼까지 거두어가곤 한다. 옐로우스톤이 바로 그런 곳이다.
　이렇게 마음에 새겨진 옐로우스톤의 마지막 순간을 막 벗어나 그랜드 티턴 국립공원으로 들어설 즈음 사진에 담고 싶은 멋진 풍경이 나타났다. 앗! 그런데 뒷좌석에 있어야 할 카메라 가방이 보이지 않았다. 그 가방에는 메모리카드와 배터리가 들어 있는데 메모리카드에는 한 달 동안 미국 곳곳을 돌아다니면서 담은 감동의 순간들이 고스란히 담겨 있었다. 이런 메모리카

그랜드 티턴의 부두.

드가 없어졌다고 생각하니 하늘이 노래지고 다리의 힘이 쭉 빠졌다. 메모리 카드가 이만큼이나 마음의 큰 재산이었을 줄은 몰랐다.

　어떻게 할 것인가 고민되었다. 뇌리에는 혹시나 하는 마음으로 '그곳에 다시 가 보나 아니면 마음 편하게 포기하나' 하는 생각이 그 짧은 시간에도 수십 번 아니 수백 번은 교차해 지나갔다. 이른 아침이라 관광객이 별로 없었으니 큰 돌 위에 그대로 놓여 있을 거라는 아내의 말이 없었다면 아마 카메라 가방은 포기했을 것이다.

간헐천이 만든 계단식 바위.

언젠가 미국 여행을 할 때 한 가이드가 잃어버린 물건이 되돌아오는 확률이 핀란드가 1위이고 미국이 7위라는 말에 조금은 위안을 삼으면서 아까 사진을 찍던 자리까지 되돌아가기로 했다. 1시간 반 정도를 되돌아가야 하는 거리이니 가까운 거리는 아니었다. 16기가바이트 메모리카드에 담긴 사진은 16톤의 무게만큼이나 여행자의 마음을 짓누르기에 충분했다.

'에이 모르겠다, 없으면 그만이지.'

하고 이내 포기도 해보았지만 그것도 잠시뿐 메모리카드에 담긴 이미지들이 생생하게 머릿속을 어지럽혔다. 메모리카드에 너무 애착이 갔다. 애착은 가지는 크기만큼 몸과 마음을 무겁게 한다는 것을 다시 한 번 느꼈다.

되돌아가는 동안 차안에는 가방을 올려놓았던 바위만큼이나 무거운 침묵이 흘렀다. 그러는 사이에 현장에 도착했다. 카메라 가방은 그곳에 없었다. 사실 쓸만한 이미지는 몇 컷 안 되겠지만 이 자료가 없으면, 그간 나만이 느끼고 본 시각과 사고에 공황이 엄습해 올 것만 같았다. 이런 생각이 마음을 부서지도록 짓눌러댔다.

이것이 두려웠다. 삶의 한 순간을 망각의 세계로 빠지는 것이 아닌가 하는 두려움도 엄습해 왔다. 사실 이런 기록이 없는 사람은 여행을 마치고 며칠이 지나면 그 여행의 추억은 하나의 환상으로 기억되게 된다. 그러나 이 환상의 세계마저 추억이라는 이름으로 금방 잊혀진다. 이런 것이 두려웠다. 무슨 건더기라도 있어야 그 순간을 더듬어 갈 수 있을 것이 아닌가.

희망이 절망으로 바뀌고 나니 땅이 꺼질 듯했다. 가방을 놓았던 바위에 걸터앉아 물끄러미 지평선을 향해 바라다 보며 숨고르기를 했다. 땅바닥을 보고 푸념이라도 하고 싶어서인지 시선이 바닥에 머뭇거렸다. 사나흘을 돌아다녀도 보지 못한 휴지 조각이 보였다. 휴지 조각도 주인을 잃은 마음을 달래려는 듯 힘 없이 흔들거렸다. 어쩐지 그 휴지 조각을 줍고 싶어졌다. 그런데 휴지 조각에 무언가 삐뚤거리는 글씨가 적혀 있었다.

'카메라 백을 11시 30분까지 올드페이스풀 프런트 데스크에 맡길 테니 찾아가시오.'
라는 내용이었다. 그 내용을 읽은 순간 구름 위에 떠 있는 듯 기뻤다. 그간의 여행이 악몽의 날이었다는 생각이 날아가는 순간이었다. 시간에 맞춰 휴지 조각에 적혀 있는 곳으로 가서 자초지종을 이야기했다. 그런데 내 카메라 가방은 접수되지 않았다. 어찌된 일인가. 혹시 메모를 남긴 사람이 아직 이곳에 도착하지 않은 것일까. 아까 본 노란색 투어 차가 올 때까지 기다려 보기로 했다. 정해진 시간보다 30분 늦게 그 차와 함께 가이드가 도착했다. 가이드 아가씨는 내리자마자 가방을 건네주었다. 가방을 놓고 가서 자기도 난감했다고, 그래서 휴지 조각에 메모를 남겨 놓고 가방을 프런트에 맡겨두기로 했다고 했다. 찾아주는 사람의 마음이 찾는 사람만큼이나 기뻐하는 가이드를 보고 기쁨만큼이나 행복했다. 관광객이 내리기 시작했다. 관광객은 할머니들이었다.

"가방을 주인에게 돌려주어서 너무 행복합니다."
라고 하며 박수를 치며 같이 기뻐해 주었다.

"고맙습니다, 고맙습니다……."
이 기쁨의 순간을 만들기 위해 가방을 그곳에 두고 온 듯했다. 메모가 적힌 휴지 조각을 발견하지 못했다면, 그 휴지를 줍지 않았다면, 하는 아찔한 생각이 들면서도 경치만큼이나 아름다운 이곳 사람들과 좋은 하루를 시작하게 되어 너무나 기뻤다.

옐로우스톤 강.

시애틀의 잠못 이루는 밤
SEATTLE

공항에서

　새로운 여행지는 잡힐듯 잡히지 않는 환상과 같은 흐릿한 기대 때문인지, 공항 바닥에 비친 사람의 오가는 모습 또한 흐릿해 보였다. 어떤 때는 안개 속의 나무같이 초점이 맞지 않아 번지 듯 보여 판타지마냥 느껴지기도 했다. 앞으로 펼쳐질 여행지도 흐릿한 영상으로 다가왔다.
　사람마다 얼굴에 그려진 표정이 다 다르다. 어떤 일본인은 신사복을 말끔히 차려입은 옷차림과 어울리지 않게 무겁게 보인다 싶었는데 한 구석에서 캐주얼로 갈아입고 나더니 가벼운 발걸음으로 나타났다. 이 사람은 아마도 정장에 담긴 일에 눌려 마음까지 가라앉았던 모양이다.
　청바지를 입고 굳은 표정을 지은 한 젊은 미국인은 어깨가 축 쳐져 있었다. 아마 군인인 듯해 보이는 이 사람은 새로 부임할 임지의 낯선 환경에서 살아야 한다는 강박에 발걸음까지 무거운 모양이다. 어떤 할머니는 자식 집에 가는지 손에는 고만고만한 짐이 여럿 들려져 있다.
　한 사람 한 사람의 소지품을 검색대에 꺼내 소쿠리에 담아 넣고 엑스레이 검사를 하고도 못 미더워 맨발에다 가방 구석구석까지 손으로 뒤적여 가며 검사한다. 이런 과정을 여러 번 거치고 나니 몹시 피곤했다.
　일본에서 환승하려 해도 다시 짐 검사를 받다 보니 미국행 비행기를 타기도 전에 나리타成田 공항에서 이미 파김치가 되었다. 여기에다 일본 공항 안의 답답한 분위기에 마음까지 왜골이 되어가는 기분이 들었다.

그래도 시애틀에서 밴쿠버, 유타, 콜로라도로 이어지는 미지의 세계를 여행한다는 마음에 이내 설레기도 했다. 2년 만에 아들 집을 다시 한 번 더 들러 본다는 생각에 힘든 여정 하나하나의 무거운 발걸음에도 힘이 실려 왔다. 나리타 공항에서 느린 수속에 답답하다는 생각을 할 때쯤 안전을 위한 것이라는 생각에 이내 마음이 평안해 왔다.

빠른 것만이 좋은 줄 알았던 젊은 시절, 느리게 하다가는 경쟁에서 뒤처져 도태되지나 않을까하는 두려움에 휩싸일 때가 있었다. 그때마다 머릿속에서 머뭇거리는 말, '아무리 바빠도 바늘허리에 실을 매어 쓰지 못한다.'라는 속담도 조급해야 했던 초등, 중등과정 때의 어린 마음을 편안하게 해 주지는 못했다.

인생이라는 긴 여정에 비해 그래도 학생 때는 단거리이니 '빨리 빨리'로 나를 채근하기도 했다. 달리기도, 암산도, 주산도 일을 빨리 하게 하는 방법만을 가르치고 배웠다. 빨리 빨리는 필요하다. 요사이는 빨리하지 않고는 도태되기 쉽다. 어제도 오늘도 각각 하루이지만 하루는 24시간이고 1,440분이고 8만 6,400초이다. 1시간, 1분, 1초로 나눠 생각한다면 하루는 아주 긴 시간이다.

하루는 하루살이로 보면 자기의 일생이다. 주어진 하루에 일을 빨리 빨리 하지 않고 넘긴다면 시작할 때 생각했던 일에 비해 한참 구식이 되고 만다. 어쩌면 주어진 일을 다 마치지 못하고 하루의 생을 마치게 될 지도 모른다.

빨리 커서 빨리 자리 잡고 빨리 우뚝 서야 치받고 올라오는 장애물을 짓누른다는 생각을 하던 젊은 시절. 무엇이든지 선착순이다. 그때만 해도 '빨리'는 철학에 없어서는 안 되는 하나의 행위였다.

우물쭈물하다가는 살아남기가 어려운 생존의 현장. 선착순도 하나의 훈

련 과정이었다. 장거리 경기에서는 휴식의 맛을 느낄 수 있는 여유와 아름다움을 맛볼 수 있는 유람의 공간이 필요했다. 이런 과정을 거친 사람이나 그렇지 않은 사람이나 끝에 가서는 다 같이 빈손으로 만나게 된다. 그렇다면 무엇이 아름다울까.

느리지만 성실하게 일하다 보면, 삶의 토막은 찬란한 광채의 덩이가 된다. 높은 자리라고 생각했던 것이 높지 않고, 낮다고 생각한 것이 낮지만은 않다. 토끼같이 벼락치기하겠다는 생각은 거북이같이 꾸준히 일을 하는 사람을 결코 앞설 수 없는 것과 같다.

외국 여행을 한다는 것은 생각 단계부터 여행의 기쁨에 빠져든다. 지도를 보며 볼거리가 있는지 배울 것이 있는지를 꼼꼼히 따져 가며 여행지를 정하고 그곳까지 갈 수 있는 항공기며 렌터카며 숙박할 곳을 하나하나 챙겨 이

터넷으로 예약한다. 소요 시간, 볼거리를 꿰뚫고 있어야 일정에 차질 없이 원활하게 돌아간다. 꼼꼼하게 계획해도 현장에 가서 보면 현지 사정상 어쩔 수 없이 여행 일정과 장소를 바꿀 수밖에 없는 사정이 생기기 마련이다. 이번 여행에서도 도착하자마자 밴쿠버에 가기로 하였지만 시차 적응이라는 변수를 생각하지 못해 순서를 바꾸어 시애틀부터 관광하기로 했다.

시애틀 공항에 도착했다. 컨베이어에 새로운 짐이 올려 질 때마다 혹시 내 짐이 아닌가하는 생각에 모든 사람의 시선이 그 짐에 모아진다. 한참동안 그런 수선을 피우고 나서야 입국장으로 향할 수 있었다. 어느 줄이 제일 짧은가, 어떤 사람이 입국 수속을 빨리 하는가 하는 생각에 각 줄을 잠시 바라다보고는 빠르다고 생각하는 줄에 섰다. 차례가 되자 이민국 관리는 대뜸 "영어를 할 줄 압니까?"라고 묻는다.

"예, 조금은요."

"나도 한국말 아주 조금 합니다."

그 다음부터는 한국어로 입국 수속을 했다.

"오른손, 오른쪽 엄지, 왼쪽 엄지, 얼굴 사진 찍습니다."

그리고 나서는,

"어디에 갑니까, 전화번호는?"

이게 전부였다. 영어로 할 때는 뭐 대단한 것을 묻는 것 같지만 그 실은 아주 간단한 내용이었다. 입국장의 그 사람은 자기 나라를 찾는 손님을 위해 그 말을 배웠을 것이다. 자기 나라를 찾는 첫 관문에서 그 사람은 이방인의 마음을 편안하게 해 주었다.

공항에서 이동을 할 때 타는 전동차도 영어와 더불어 외국어로는 한국말과 글로만 안내해 주었다. 한국 사람이 영어를 잘 못해서인지, 많이 방문해 주어 고맙다는 의미에서의 서비스 차원인지 잘 모르지만 우리나라의 위상이 높아진 것만은 사실이다.

독립기념일

생일날이나 결혼기념일은 연속되는 일상 중 한 날에 불과한데도 그날이 돌아오면 그날이 그날인데도 그날을 색다르게 생각한다. 케이크에 자기 나이만큼 초를 꽂아 놓고 가족 친지들의 축하 노래와 함께 그날 태어났음의 의미를 되새긴다. '으앙'거리며 살아보겠다고 힘차게 발버둥치던 출발의 그때를 생각하며 기쁜 마음으로 그날을 기억하게 된다.

국가의 생일날도 마찬가지인 모양이다. 비가 주룩주룩 내리는데도 시애틀 다운타운 해안가로 가족 단위로 삼삼오오 짝을 지어 모여든다. 어떤이는 슬리퍼를 질질 끌면서도 가는 마음만은 힘차 보였다.

이날 행사장에서 폭죽이라도 터트리지 않으면 마음에 담긴 액운을 쫓아낼 기회가 없을 것만 같아 하는 모습들이다. 이들은 마음대로 폭죽을 터트릴 수 있는 날이 바로 독립기념일이라는 생각을 하고 폭죽과 함께 일 년간 쌓인 액운과 스트레스를 폭발시켜버리고 싶은 모양이다.

유료 주차장에는 차들이 없어 사람이 얼마 안 온 줄 알았는데 행사장에 가까워지면서 길 양가에 걷기조차 불편할 정도로 차들이 늘어서 있었다. 이날만은 불법 주차 이야기가 없었다. 한 시간에 7~10달러씩이나 하니 대여섯 시간 주차하다 보면 그 돈도 만만찮을 것이다.

미국 독립기념일의 불꽃놀이를 그들과 함께 즐겨 보려 비가 그칠 때를 맞춰 불꽃놀이 장소로 갔다. 비온 뒤라 무척 추웠다. 잔디는 물을 흠뻑 먹어 앉기조차 망설여졌지만 8시간을 기다려야 하니 손수건 한 장 깔고 철버덕 주저앉았다. 습기에 젖은 만큼 몸이 추위에 마비되어 갔다.

기다리는 동안 방송국에서 와 가수들의 공연 방송을 하기도 했다. 웃는 소리가 크게 들리는 것을 보면 재미가 있는 모양이다. 지탱 한도가 넘은 듯해 보이는 몸무게에도 핫도그, 피자, 옥수수를 한 움큼씩 들고 와 먹어가면서 여유의 시간을 즐기는 사람도 있었다. 어떤 사람은 캔맥주를, 어떤 사람은 양주를 홀짝홀짝 들이켜 가며 돋아오르는 흥을 쏟아내기도 했다.

백야 현상으로 시애틀은 9시가 좀 지나서야 해가 뉘엿거리더니 서서히 땅거미가 내리기 시작했다. 밤이 깊어갈수록 더 추워져 갔다. 사람들은 담요 두어 장을 깔고 뒤집어쓰며 불꽃놀이 시간이 오기를 기다렸다. 밤 10시가 좀 지나서야 국가가 울리기 시작했다. 모든 사람이 일어나 환호했다. 엄숙하기보다는 화려한 미국임을 자랑하고 있었다. 국가가 끝난 다음 불꽃놀이가 시작되었다. 어른 애 할 것 없이 환호성을 질러댔다.

다운타운을 배경으로 솟아오르는 불꽃.

해안에서 솟아오르는 꽃모양의 불꽃들. 하늘을 무대로 펼쳐졌다.

마음 속 깊숙이 박혀 있는 스트레스도 함께 산산조각 나는 기분이었다. 액운이 놀라 뽑혀져 나가는 순간이었다. 함께 온 아이들까지 덩달아 고함을 쳐댔다. 그러다 배고프면 핫도그며 콜라를 쉼 없이 마셔가며 개인 텐트 속에서 나와 함성을 질러대곤 했다.

행사가 끝난 시간은 자정을 넘겨서 였다. 늦은 시간 수많은 인파를 벗어나 돌아갈 길이 걱정이었다. 뒤엉키면 옴짝달싹 못할 텐데 하는 걱정에 마음이 심란했다. 그러나 잠시 후 그건 하나의 기우에 불과했다. 선진국이 무엇인지를 체험하는 순간이었다. 줄을 서서, 서로 양보하면서, 경찰이 미리 설치한 바리케이트를 뛰어 넘지 않으면서 수신호에 따라 움직였다. 그 복잡하던 곳이 금방 한산한 장소로 변해 갔다. 질서와 양보, 그것으로 그렇게 많이 모인 사람과 차량 행렬 가운데서도 우려한 일은 일어나지 않았.

이곳 사람들은 낮이나 밤이나 한산한 곳이나 복잡한 곳이나 남을 배려하는 운전 습관이 배어 있어 차량들의 행렬도 썰물 빠지듯 빠져나갔다.

스타게이트, 휴스턴

아들이 휴스턴에 있는 베이커 휴즈$^{Baker\ Hughes}$의 선임 지구과학자로 일하고 있다. 휴스턴은 말로 들었던 곳이지만 아들이 그곳에 살고부터는 남다른 애정을 갖게 되었다.

미 서부 여행을 마치고 아들 집에 들렀다. 휴스턴은 푹푹 찌는 더위로 숨쉬기조차 마음대로 되지 않았다. 이런 곳에서 어떻게 살아갈까 하는 걱정도 되면서 이렇게 더운데 왜 많은 사람들이 모여 살까 궁금했다. 에어컨 바람 틈새로 땀방울이 쏟아져 내렸다. 마트에 가서 식료품을 사와 아내는 밥을 하고 나는 된장국을 끓이고 밖에 나와서 아들이 오기를 기다렸다.

해가 떨어지고 나니 밖은 그런대로 견딜만했다. 눈 비비고 일어나 밥을 먹는 등 마는 등 7시면 출근을 하던 아들이 기다려지며 좀 안쓰럽기도 했다. 어디를 가도 직장 생활을 한다는 것이 쉽지만은 않다. 남의 돈을 받으려면 그 이상의 이익을 안겨 주어야 하기 때문이다. 그러니 얼마나 힘이 들겠는가. 그래도 다행인 것은 미국의 금융 위기로 해고가 늘어났는데도 살아남은 것이라 할 수 있다.

일할 곳이 있다는 것은 행복이다. 일하고 싶어도 일할 곳이 없어보면 스스로 불행하다고 생각하게 된다. 직장을 구하기 위해 얼마나 많은 노력을 해 왔던가. 직장이 있으면 구직에 대한 걱정과 준비는 더 이상 안 해도 된다.

그 만큼 행복시간이 길어지게 된다. 실업자가 급증하는 시기에 아들이 직장에 출근하고 있다는 사실이 한없이 고마웠다.

객지에서 제일 서러운 것은 춥고 배고픈 것이다. 직장이 있다는 것은 춥고 배고픈 것 두 가지를 다 해결하는 것이다. 마음의 여유가 생기게 되고 다음 단계의 계획도 자신 있게 추진할 수 있게 된다.

이젠 이 도시가 왜 휴스턴이라 했는지 인구는 얼마인지 정도는 알아야 했다. 어느 저택에서 할머니 한 분이 개를 데리고 산책을 나왔다. 자주 산책을 해서 그런지 보기 좋을 정도의 외모를 가지고 있었다.

"실례합니다. 이곳에 사십니까?"

"예."

"그런데 알고 싶은 것이 있어서요. 휴스턴의 뜻은 무엇입니까, 그리고 인구는 어느 정도나 됩니까, 미국에서 얼마나 큰 도시입니까?"

할머니는 친절히 설명해 주었다.

"휴스턴은 텍사스 독립전쟁의 영웅 휴스턴^{Samuel Houston, 1793-1863} 장군의 이름에서 따왔습니다. 이곳은 처음에는 상업도시였습니다. 그 다음에 휴스턴 항을 중심으로 물자를 나르는 항구로 발전했지요. 화물 양의 기준으로 보면 미국에서 세 번째로, 인구 기준으로 보면 미국에서 네 번째로 큰 도시입니다. 인구는 200만을 좀 넘을 겁니다."

"큰 도시네요. 저는 한국에서 왔

는데 한국에서 세 번째 큰 도시인 대구에 삽니다. 인구는 250만 정도이고요."

"그곳도 인구가 만만찮네요."

"이곳에 유명한 것이 뭐가 있나요?"

"예, 이곳에는 항공우주국 존슨우주센터 NASA(National Aeronautics and Space Administration)가 있습니다. 여기에서 인류 최초의 달 착륙에 성공한 아폴로 11호를 비롯한 우주선의 관제소로 널리 알려져 있고요, 세계 최대의 정유공업지대의 하나로 석유가 많이 납니다."

"집을 보니 다른 지역보다 좀 크네요. 부자가 많이 사는가 보지요?"

"이곳은 오일 머니가 있어서 다른 지역보다는 부유합니다."

그리고 휴스턴에는 박물관, 미술관, 동물원, 식물원 같은 시민 휴식처가

휴스턴 미술관(THE MUSEUM OF FINE ARTS, HOUSTON).

볼만 하다고 귀띔해 주었다.

　토요일에 나사NASA로 구경 갔다. 그곳은 주로 아폴로 제작 과정과 아폴로 위성을 견학할 수 있도록 되어 있었다. 그 넓이가 너무 넓어 길게 연결된 꼬마 관광열차를 타고 이동해야 했다. 처음 보는 것이 많아 무더운 것도 잊은 채 펼쳐지는 풍경에 마음이 흥분되었다. 셔터도 무수히 눌러댔다. 요사이는 디지털 카메라를 쓰면서 필름 값, 현상, 인화비 걱정이 없다는 핑계로 아무런 절제 없이 셔터를 누르는 버릇이 생겼다. 자연히 표현을 신중하게 하지 않을 때가 많아졌다.

　일요일에는 다운타운으로 나갔다. 그곳에서 미술관, 박물관, 과학학습관 등을 둘러보았다. 미술관은 상당히 컸으나 작품은 아직까지는 적은 편이었다. 미술품이나 조각품은 다른 곳에서 보지 못했던 작품으로 색달랐다. 사

 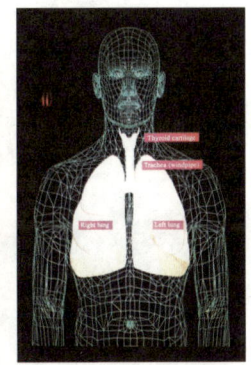

진 전시회 작품은 우리의 전시 형태와는 상당히 달랐다. 우리의 전시가 액자 중심이라면 그들은 내용 중심으로 이야기를 꾸려나갔다. 야외에 전시된 조각품이 대개가 인물 중심인데 비해 이곳은 정물 중심의 작품이 많았다. 과학학습관은 이, 눈, 머리, 심장의 모형을 보아가면서 설명도 듣고 체험도 할 수 있게 하였다.

라이스대학교Rice University는 오스틴에 있는 텍사스대학교The University of Texas at Austin보다 규모는 작은 듯 보였지만 캠퍼스 전체가 공원이었다. 잔디는 파릇파릇하고 나뭇잎이 상큼한 분위기를 자아내 머물고 싶게 하였다.

다운타운에서 약 80킬로미터 정도 떨어진 곳에 갈베스턴 항이 있다. 항구의 일부는 유원지로 되어 있어서 배를 타고 유람도 하고 보트를 타며 즐기기도 했다. 조금 떨어진 곳에서는 해수욕을 하는 사람들이 보이기도 했다.

새턴 5(Saturn V) 호(존슨우주센터). 미국이 달 탐사를 위해 개발한 대형 로켓으로 1967년 처음 발사되었다. 1969년 인류 최초로 달착륙에 성공한 아폴로(Apollo) 11호를 싣고 우주로 날아갔다. 새턴 5호는 총 15기가 만들어졌으며 실제 우주로 나간 것은 13기이다.

존슨우주센터에 전시된 새턴 5호는 SA-514의 제1단, SA-515의 제2단, SA-513의 제3단이다. 14번째로 만들어진 SA-514는 아폴로 18호와 19호의 계획이 취소되면서 발사되지는 않았다. 15번째 SA-515는 스카이랩의 백업용으로 만들어졌으나 이 역시 계획이 최소되어 사용하지는 않았다. 스카이랩은 새턴 5호 로켓 제3단의 내부에 거주 공간을 만들어서 지구 궤도를 도는 우주 정거장으로 개조한 것이다. 이곳에 전시된 SA-513이 그것으로 1973년 5월 14일에 무인으로 발사되어 우주로 나갔다 왔다.

CANADA
캐나다

밴쿠버의 밤
VANCOUVER

캐나다 국경에서 두어 시간 시들고 나니 밤 11시가 돼서야 밴쿠버에 도착했다. 주도로를 타고 다운타운을 지나 어딘지도 모르는 숲속 길가에 차를 잠시 주차시켜 놓았다. 바다에 비치는 밴쿠버의 야경에 마음을 잠시나마 쉬게 하고 싶어서였다. 늦은 밤인데도 아베크족들이 벤치를 차지하고 있어 앉을 자리가 없었다.

산책하는 사람들이 하는 것처럼, 바다 내를 마셔가며 바닷가를 거닐어 보았다. 잔잔하게 이는 물결에 평화가 깃들어 있는 듯 보였다. 그 물결 위로 시원한 바람이 이따금씩 미끄러지듯 흘러와 시애틀에서부터 더 미지인 밴쿠버까지 오면서 쌓였을 피로와 두려움을 식혀 주곤 했다.

지금 당장 자야 할 방도 정해져 있지 않다. 그렇다고 이곳 상황을 낮에라도 한번 본적이 없다. 이런 상황에서 당황하지 않을 수 없었다. 사실 배도 고파 왔다. 먹은 것이라곤 누룽지와 출발할 때 준비했던 건빵, 체리 정도가 고작이었다.

급한 김에 바닷가에 'HOTEL'이라고 삐툴거리게 쓴 호텔로 들어갔다. 1층은 바인 듯하고 그 옆에는 파친코 같아 보이는 기구들이 즐비했다. 호텔 입구가 어딘지 잘 몰라 건물 앞에서 서성이는 집시 같아 보이는 사람에게 물어 보았다. 조그마한 쪽문에 앉아 있는 사람 또한 집시 같아 보였다. 그 사람에게, "빈방 있습니까?" 하고 물으니 방이 있다고 대답했다.

막상 호텔에 투숙하려하니 들끓는 집시들, 보이지 않는 주차장.

두렵게 하지 않는 것이 없었다.

바닷가에 다운타운이라는 것을 생각하면 하룻밤 묵는 방값이 57달러 정도이니 싸긴 쌌다. 방을 정하지 않은채 다시 밖으로 나왔다. 여름밤의 바닷가를 차로 한 번 더 드라이브하기로 했다. 바다 내를 마셔가며 드라이브를 즐겼다. 이 기분은 밴쿠버의 밤만이 주는 선물이라고 생각하기로 했다.

자정이 넘어가니 길거리에는 집시를 제외하고는 일반 사람들의 모습이 보이지 않았다. 바닷가를 산책하는 사람들조차 보이질 않았다.

이젠 방 구하는 일이 다급해졌다. 차로 헤매기를 한 시간쯤 지나서야 주차할 곳이 옆에 있는 호텔을 찾을 수가 있었다. 여기도 집시들이 들끓기는 마찬가지였다. 방값도 먼저 호텔과 비슷하기도 하고 차도 안전하게 주차할 수 있을 것 같기도 해서 이곳에 투숙하기로 했다.

자정이 넘었는데도 잠들만하면 사이렌 소리가 울렸다. 범죄 예방 차원인지 모르지만 너무 자주 울리는 사이렌 소리는 짜증스럽기까지 했다.

아침 일찍 일어나 걸어서 다운타운을 거닐었다. 개스타운 Gastown 으로 차이나타운으로 주변의 해변도 아내와 함께 했다.

밴쿠버의 발상지로 알려진 개스타운은 영국 상선의 선원이었던 존 데이튼 John Deighton 이 건설한 거리로 그의 별명인 개시 잭 Gassy Jack 에서 이름이 붙었다. 이곳 상가거리는 고전풍으로 품위가 있어 보였다. 다운타운은 시내의 현대식 빌딩과 전망대가 있는 곳으로 이어져 있었다. 개스타운 주변 해변에는 2010년 동계올림픽 성화대가 세워져 있고, 해안가 곳곳에는 조망할 수 있도록 건축물 층마다 광장을 만들어 놓았다. 주위에는 자전거, 요트, 보트, 그리고 바다를 떠다닐 수 있는 수상경비행기까지 탈 수 있게 되어 있었다.

다운타운에서 조금 벗어난 곳에 중국인들의 삶의 터전인 차이나타운이

2010 밴쿠버 동계올림픽 성화대

밴쿠버의 야경

있었다. 이런 것을 보면 중국인은 어디를 가나 자기들이 응집할 수 있는 타운을 만들고 있음을 알 수 있다. 사람 수를 앞세워 자기들끼리 장사를 해도 충분히 수지를 맞출 수 있는 모양이다.

우리는 1, 2세로 갈수록 한국말을 하지 못하지만 이들 중국인들은 모국어를 잊지 않게 한다. 사실 여러 나라 말을 할 수 있다는 것은 그 자체가 자기 경쟁력이다. 애국심이나 애족심은 차치하고라도 국어 이외의 다른 나라말을 자유자재로 구사할 수 있다는 것은 큰 재산이라 할 수 있다.

차이나타운에서 세 블록 쯤 벗어난 곳에도 작은 차이나타운이 있었다. 호텔에서 얼마 안 떨어진 곳에서 점심을 먹으려 기웃거리다 한 음식점에 이 집이다 싶어 들어갔다. 닭고기 요리와 만두를 시켰지만 너무 많은 기름과 향에 배고픔에도 받아들여지지 않았다. 새로운 음식을 맛보았다는 정도에 만족해야 했다.

호텔로 돌아와 계산서에 주차비, 보안유지비라는 명목으로 크지 않은 돈이지만 추가된 비용을 지불하고 체크아웃을 했다.

콜 하버(Coal Harbour)의 어느 아파트 사이에 캐나다의 작가이자 교육자인 얼 버니(Earl Birney, 1904-1995)의 시가 적혀 있다. 콜 하버는 스텐리 공원과 캐나다 플레이스(Canada Place, 밴쿠버에 있는 국제회의장) 사이에 있으며, 고층빌딩과 아파트, 콘도미니엄이 즐비한 고급 주거지이다.

지도를 보아가면서 조심스럽게 스탠리 공원을 찾아 갔다. 섬처럼 보였다. 해변가를 일방통행으로 돌 수 있도록 되었다. 공원의 잔디밭에서는 운동도 하고 연주도 하는 모습이 눈에 띄었다. 어젯밤에 갔던 곳이 알고 보니 스탠리 공원의 해변이였다. 하염없이 밀려오는 너울에 산란한 마음의 조각을 떼내 파도에 함께 실려 보냈다.

어젯밤에는 이곳 스탠리 공원에서 다운타운으로 오다가 우회전 금지된 곳으로 잘못 가다가 마주 오던 택시와 충돌 사고를 가까스로 모면했다. 택시도 당황했는지 50미터쯤 전방에 서더니 비상등을 켜 안전하게 그곳을 빠져나오도록 도와주었다. 낮에 알고 보니 이곳 밴쿠버는 많은 곳이 우회전 금지 구역이었다. 우회전보다 좌회전을 많이 허락하는 것으로 보였다. 그러나 좌회전 표지가 없어 어디에서 언제 좌회전을 할지 몰라 좌회전 쪽 차선에 멈칫거리고 서 있다가 뒤차가 경적을 울려 주면 그때서야 눈치껏 좌회전을 하곤 했다.

증기 시계(Steam Clock). 밴쿠버 시내 한복판 개스타운에 있다. 증기 시계는 지하 수증기를 동력으로 쓰며, 소리와 함께 15분 간격으로 수증기를 내뿜는다. 일본 홋카이도에 있는 오타루 오르골기념관 앞 증기 시계와 더불어 세계에 2대밖에 없는 명물이다.

Epilogue

선진국 사람들은 뜬 자리가 깨끗하다. 어디를 가도 사람들 마음이 정돈되어 있다. 독립기념일에 불꽃놀이를 보기 위해 모여든 인파들로 시애틀의 옛 발전소의 큰 언덕에는 입추의 여지가 없었다. 물밀듯이 밀려오는 인파들, 그 속에서도 흐트러지지 않는 질서, 옆으로 끼어 들어오는 사람에게는 이유 없이 양보하는 사람들, 많은 사람이 한꺼번에 밀려와도 빠져 나가도 물 흐르듯 했다. 피라미 한 마리가 물을 거슬러 올라가 물 흐름을 좀 방해할 법도 한데 이런 낌새조차도 보이질 않았다.

물은 장애물이 있으면 서로 양보하며 흘러간다. 조금 먼저 간들 한 자리에 머무는 시간에 비하면 한 순간일 뿐인데 하면서 유유자적 흘러간다. 사람들의 생각도 이러한 듯하다.

이곳 옛 발전소에 모인 사람들도 물과 같은 생각이었던 모양이다. 들어오고 나감의 차이가 몇 분일 텐데 하면서 유연성에 여유까지 보여 주었다.

무엇보다도 그들이 든 자리 난 자리가 깨끗하기 그지없었다. 행사가 끝나가니 쓰레기건 필요한 물건이건 가리지 않고 주섬주섬 챙겨 비닐 백에 담아 가는 어른들과 아이들, 그 모습에 학생을 가르치는 한 사람으로서 고개가 절로 숙여졌다. 부모가 몸소 실천하는 교육, 그 현장에서만은 부모는 분명 교

사이고 자식은 학생이었다.

　그런데 우리의 부모는 어떠한가. 자기 집이 아닌 곳이라면 도로가든, 다리 밑이든, 계곡이든, 머물다 간 그 어떤 곳에도 쓰레기 투기장으로 만드는 부모, 그 부모에게서 자식은 무엇을 배우겠는가. 배운 것과 부모의 행동이 일치하지 않아 혼란스러워 하는 자기 자식들, 부모는 그걸 모르고 있다.
　어떤 게 맞을까.
　분명 즉석 쓰레기 투기장에 쓰레기를 버리면 악취와 해충이 들끓을 텐데 하는 여린 마음에 쓰레기 투기를 멈칫거리는 자녀의 모습을 보지 못했는가. 내 자식은 이런 사소한 양심의 가책에 마음의 갈등을 수없이 하고 있다는 것을 옆에서 보지 못하는 모양이다.
　봉사활동도 하는데 그것까지는 못할망정 쓰레기를 함부로 버려서야 되겠는가 하는 죄책감에 시달리는 자식에 대한 배려의 낌새는 부모에게서 찾아볼 수가 없다.
　그냥 비닐에 담아 정해진 곳에 버리면 모든 사람이 편할 건데 왜 부모들은 연약한 어린들에게 무거운 숙제를 안겨 주는가. 그리고 발표할 때는 "쓰레기장에 버렸습니다."하고 거짓말을 하게 하는가.
　내 자녀를 어디에서나 대접받게 하려면 자녀의 바른 마음이 곧게 뻗어 나갈 수 있도록 도와주어야 한다. 이것이 가정교육이다. 그리고 진짜 선진국으로 가는 길이다.
　우리의 공원, 물 흐르는 계곡, 다리 밑의 풍경. 실컷 지지고 복고는 도로가에, 아니면 다리 난간에 쓰레기 투기장을 만들어 놓고 도망치듯 사라지면 그 쓰레기를 누가 치우라는 것인지 알 수가 없다. 지금 시골에 사람 대부분은 노인들이다. 그걸 노인들 보고 치우라는 건가. 그 노인들은 자기 부모일 수도 있다. 이제 노인들은 지쳐 있다. 자식들은 부양만 받고는 어른을 챙기려

하지 않지, 농사를 힘들게 지어 보아도 오르는 농자재 값과 떨어지는 농산물 가격에 수지는 맞지 않지, 고통의 골이 깊어 얼굴에 굵은 주름살로 그어져 가고 있다. 자기 집은 쓸고 닦고 공단같이 해 놓고 살면서 이웃은 쓰레기 투성이로 만들어 놓는다면 언젠가는 그 영향이 자기 집으로 온다는 생각은 왜 하지 못하는가. 다른 나라에서 발생한 황사가 우리에게 영향을 미치는 것을 보라.

너나 나나 영어를 배우지 않으면 힘든 세상이 되고 있다. 영어는 왜 배우는가. 영어를 사용하는 나라를 보면 대개가 선진 문화를 가지고 있다. 그렇기에 그곳의 문화를 배우기 위함도 이유 중에 하나일 것이다. 선진 문화는 분명히 남을 배려하고 나의 쓰레기를 남에게 떠넘기지 않는 철저한 자기 관리 교육임에 틀림이 없다. 자기 조국에서 그렇게 훈련되어 있는 사람이라면, 단지 말만 배우러 그곳에 가는 것이 아니라면, 분명히 그들 앞에 선 우리의 자녀는 당당해질 것이다.

선진국, 그것은 나라에 돈이 많고 적음의 정의가 아니다. 선진국은 정해진 자리에 정해진 것이 틀림없이 있는 나라이다. 화장실에는 화장지가 있고, 주차장에는 차가 있고, 도로에는 차가 달릴 수 있는 곳, 인도는 사람이 안심하고 다닐 수 있는 곳이 선진국이다. 이것이 서로 다른 자리에 있다면, 뒤바뀌어 있다면, 그 나라는 이미 선진국이 아니다. 그리고 제자리에 있어야 할 것이 제자리에 있고, 원칙이 무시되지 않는 문화가 선진 문화이다.

이것이 다른 나라를 여행하면서 얻은 결론이다.

저자의 **블로그**에 가시면
이 책에서 못다한 여행 이야기와 더 많은 사진을 볼 수 있습니다.

http://blog.daum.net/jusanji